成功したけりゃ真っすぐ生きよ

ピンチはチャンスや

株式会社「学情」社長
中井清和

朝日新聞社

プロローグ

学情の「就職博」が、2018（平成30）年も東京や大阪など全国主要都市で開催された。来場した学生は20万人以上、参加した企業は約7000社。就職博はいまや日本最大級の就職イベントに成長した。就職博の会場を訪れると、やりがいのある仕事を求める大学生と、意欲のある若者に働いてもらいたい企業の採用担当者たちのセッションで熱気にあふれていて、感無量になる。

就職活動をする大学生たちと企業がリアルな場で出会う〝合同企業説明会〟は今では新卒採用の定番となっているが、1984（昭和59）年に始まった当社の「就職博」が、日本初として先鞭をつけたビジネスモデルである。まっすぐに、ただひたすら愚直に、私は新しいビジネスの道なき道を切り開いてきた。創業から四十数年、学情は東証一部上場を果たし、有力大手就職情報会社の一角を占める。大学新卒向けの就職情報サイト「あさがくナビ」は学生会員数40万人を超えた。20代向けの第二新卒・転職支援サイト「Re就活」は当社の独壇場で、会員数約100万人にのぼる。社員には常々、お客様と共に歓び共に苦しめと説いてきた。「共歓共苦」のビジネススタイルだ。思えば、こうして立ち上げてきた事業のいずれもが、お客様の「困っている」の声に耳を澄まして閃いたアイデアを、他社に先駆け事業化したものばかりだ。

もともとは大阪のビルの一室で社員3人からスタートした小さな広告会社が、いかにして就職情報業界に参入して、ここまで成長してきたのか。この四十数年を振り返ってみたい。その山あり谷ありのストーリーは、志ある将来のビジネスリーダーにとっての道しるべ、励みの糧にならないか。それはまた、次代を担う人たち、学情の社員たちにも、何らかの指針と、新たなやる気を生むのではないか。

毎年、大盛況の学情「就職博」

目次

プロローグ……3

1章 起業から「就職博」成功まで

大量リストラする会社に見切りつけ起業……12
起業当初の解放感……17
社員の反対を押し切り就職情報会社へ……18
就職情報業務始めるも1年目は赤字……22
明治時代の新聞広告から思いついた就活学生の「自己PR特集」……24
大学生と中堅・中小企業の出会いの場を創出した「就職博」……25
採用の大原則は「直接会うこと」……31
就職博ひっさげ、東京へ、名古屋へ……32

大手から衝撃をもって迎えられた就職博 …… 34
発展期に足元をすくわれた辛く苦しい体験とは …… 39
「正しきものは強くあれ」を支えに …… 42

2章 他社がやってないことをやれ

大手に負けぬためには絶えず新しい商品を出していかねばならない …… 48
業界初のインターネットの就職情報サイトを立ち上げ …… 51
利益の半分は貯め、あとはみんなで分ける …… 53
業界初のネット就職情報サイト「G-WAVE」…… 55
ネット立ち上げ直後にリクルートも参入 …… 56
業界初、新しいものを生み出し続けて会社が成長 …… 59
売上金回収の大切さ …… 60
「お客様の役に立つ」という創業からの理念は変わらず …… 63
クライアントには誠心誠意 …… 65
学生を集めるため就職セミナーに吉本新喜劇を …… 69

3章 金融危機の大不況下、株式上場を決意する

社員一丸となれる「本丸」、自社ビルを建てる …… 74

ピンチはチャンスやの発想スタート 77
ガバナンスを強化、社名を「学情」に 81
上場の最重要条件「成長性」を是が非でも達成 83
バブル崩壊後に土地を購入し、梅田に新本社ビル 86
東証一部上場から受けた計り知れない恩恵 89
稲盛会長からの衝撃の一言 93
もともと贅沢にはあまり関心がなかった 95
悪い時は2年、よい時も2年。ピンチはやがてチャンスに変わる 97
大学就職部長の相談から第二新卒向け「Re就活」を立ち上げ 102
やり遂げる力の大切さ 106

4章 やり遂げる力は大学時代の住み込み新聞配達で養った

6人きょうだいの長男に生まれて 110
手に職をつけるために入った産業高校で生徒会長に 111
高卒と大卒の待遇の差が耐えられず、半年で退職 112
新聞販売店に住み込み、近畿大学に通う 114
新聞の拡販でトップセールス 117
寸暇を惜しんで学んだ法学が、社会で役に立った 119
新聞配達を通して身に付けた「やり遂げる力」 121

5章 リーマンショックの苦境を乗り越えた秘策

創業以来初めての赤字を経験……126
リストラの代わりにワークシェア。徹底的な経費削減を実施……129
民間がダメなら公的事業で「入りを量る」工夫……132
ある朝の新聞の記事きっかけに中企庁にアタック……134
「公的事業」に参入し、学情の強みを生かす……138
人の役に立つ――東日本大震災の復興支援での就活応援で本領発揮……141
ジャージにサンダル姿で合同説明会に参加した若者も……146
公的事業への参入で、リーマンショックを乗り越えた……148
朝日新聞社との資本業務提携……150

6章 20代若手就活市場をリードする学情が次に目指すのは？

変わり始めた20代の人材市場……156
新卒採用から20代通採用時代――企業の採用が多様化……160
Re就活に登録する若者たちの意識の変化……162
「若手市場」は一つではない……164
学情の強み「20代若手人材」が時代のトレンドに……165

AIを就活情報に活用せよ……167
LINEで就活の悩み相談ボットもスタート……169
若手の採用にはOne to Oneのコミュニケーションが大切……171
スマートフォンで「距離のハンディ」乗り越える画期的サービス……173
「地方の大学生の就活を助けたい」からスタート……174
地方の学生や若手人材から熱い反応が……177
「スマ面」の課題は企業の採用担当者への理解促進……178
新しいものを生み出すのに必要なこととは……180
新しいものを作るのには資金も必要だ……183
「失敗を恐れない」と明記した社訓を毎週唱和……184
チャレンジし、変化を楽しむ……186
意識改革を迫られる時代が来た……188
若者よ、真のホワイトカラーを目指そう……190
成功者に怠惰な人はいない……193
これからの学情に向けて……195
やがて「1000億円企業」へ……197
あとがき……201
年表……204

1章

起業から「就職博」成功まで

大量リストラする会社に見切りつけ起業

今では社員300人が働き、東証一部上場の企業となった学情だが、もともとは1977（昭和52）年に、私、中井清和と茶野光史《こうじ》君、北野信雄君の3人で立ち上げた「実鷹企画」という小さな広告会社が出発点だ。

「三羽の鷹」をきどって三鷹企画という社名にするつもりだったが、占い師に「この漢字の組み合わせの中で三の字はよくないから実にしたらどうか」と言われて「実鷹《みたか》企画」という社名にした。

今思えば若気の至りという感じだが、20代だった我々3人の意気込みと熱気が感じられる。

起業した当時は1973（昭和48）年に始まった第一次石油ショックで日本中が不景気だった。原油価格高騰の影響で日本の物価は急上昇し、戦後続いてきた高度経済成長も終わった。

そんな中、私たちは大阪の中堅広告会社（大毎広告）を辞めて、独立したのである。

創業の地は大阪市北区堂島浜2丁目1-13。運河に面したペンシルビル「丹羽ビル（現・堂島浜シティビル）」3階の7坪の部屋だった。のちに資本業務提携する朝日新聞大阪本社のある中之島とは目と鼻の先。夏場は時折ふわりと潮と塵芥の匂いがした。

もともと私も、そして茶野君や北野君も特に独立志向が強いわけではなかった。広

創業当時、7坪の当社オフィス

告会社に就職したときは、私は定年まで勤めるつもりでいたくらいである。それなのになぜ、会社をやめて起業したのか。そのあたりの経緯を説明しよう。

私は入社3年目にして売り上げナンバー1の営業マンだった。はっきりいって他の社員の10倍くらい働いていたと思う。おかげで非常に忙しかった。注文をどんどん取っていたため、広告の原稿を作成したり、さまざまな手配をしたり、打ち合わせをしたりと、忙しく業務に追いまくられ23時、0時まで働くのは当たり前、時には夜中1時すぎまで働いていた。下っ端なので手伝ってくれる部下もいない。先輩たちも助けてくれない。

それだけ働いても年功序列のため給料は安かった。売上ナンバー1で会社に貢献しているのに……と不満に思ったが、上司からは「長く勤めると給料は上がるから、若いうちは辛抱してくれ」といわれ、私も仕方なく承知して安い給料で頑張っていた。当時はブラック企業なんていう言葉はなかった。

しかし、過重労働で身体が弱っていたのだろうか、入社3年目に肺結核にかかり、約1年間療養生活を送ることになった。

そして休職中の1974年~75年にかけて第一次石油ショックがおこり、世界経済は混乱し、日本も大不況になった。

景気の影響をもろに受けやすいのが広告会社である。

私が働いていた会社は社員が350人くらいいたが、そのうちの150人～200人の人員整理を行った。全社員の半数前後という数だ。私のような若手は対象外で、30代、40代、50代のいわゆる高給取りの人たちが対象だった。

人員整理には姑息にも「希望退職」という言葉が用いられた。しかし、誰も退職を希望などしていない。実質的には「指名解雇」だった。「希望なんかしてない」と先輩たちは泣きながら辞めていった。そんな殺伐とした会社の様子を、入院中にしょっちゅう見舞いにきてくれていた茶野君や北野君をはじめとする同僚たちから聞き、「もうこの会社はあかん」と思った。

非常に激しい怒りを感じたのである。

「年功序列」で長く勤めると給料が上がる仕組みの中で、若いときは安い給料で頑張ってきた30代、40代以上の社員がこれから報われるという時にいきなり「希望退職」という名の指名解雇で辞めさせられるのだ。そんなひどい話があるだろうか。

退院して復職した私は体調が戻るまで管理部で働くことになったが、そこはリストラを行っていた部署だった。勤務成績の振るわない者からリストに上がっていく。よく休む社員、上司からの評定もある。こうした情報を加味してリストを作っていくわけだが、半数近い社員のクビを切るというのは大変なことである。

若い私は社員のデータや資料作りをやらなくてはならなかったが、全く協力しなかった。上司にえらく叱られたが、「こんなやり方は許せない」「おかしい」という怒りをはっきりと伝えた。

そしてここで働いていても将来はないと思い、独立しようと決意した。

よく見舞いにきてくれていた茶野君と北野君に「やるかい?」と声をかけたところ、「やる!」という返事が返ってきた。同僚の茶野君は営業、2年後輩の北野君はコピーライター。3人がそろえば広告会社はやっていける。

退院してから約半年ほど身体の回復を待って、11月1日に創業した。

たった7坪しかないオフィスだが、自分たちのビジネスをスタートさせ、私たち3人の心は明るかった。

「社会の役に立つ仕事をしよう」「誠実に仕事をしたい」「お客さんの困っていること

を解決しよう」「こちらの都合で社員を解雇する会社にはしない」などそれぞれ理想に燃えていた。

私と茶野君は28歳、北野君は26歳と若かった。

起業当初の解放感

今の本社の応接室よりも狭いオフィスで3人で生き生きと働いていた。

仕事が終わって22時か23時すぎに帰路につきながら夜空を眺めると、なんともいえぬ解放感に襲われた。どう表現していいのかわからないが、うれしかったのである。サラリーマンとしてそれまで心理的に窮屈さを感じていたのかもしれない。自分たちがやりたい仕事がやれるという喜びもあった。

いざ独立となると、自分で食べていくことに関しては全然心配していなかった。前の会社で年間1億円程度の利益を出していたからだ。今の価値でいうと3億円以上になるだろう。生涯年収を、1年で稼いでいたのだ。

広告関係の仕事のやり方はわかっている。新聞社や放送局など広告主へのコネクションもしっかり築いていた。

ただし前の会社で担当していたクライアント（顧客）には一切いかず、ゼロから新規飛び込み専門で事業をスタートさせた。それでも初年度の、初月から黒字だった。

もちろん大阪では名の知れた広告会社というバックなしで仕事をする大変さも味わった。信用や知名度の大切さも知った。創業者3人が20代なので、とにかくお金がなかった。広告の仕事は、契約がとれても、掲載メディアへの支払いは前金で、そして広告主であるクライアントからの支払いは後だったので創業当時は資金繰りがとにかく大変だった。

しかしクライアントが増えていく中で、次第に業績を拡大していくことができた。

社員の反対を押し切り就職情報会社へ

広告会社として私たちの会社はかなり良いスタートを切ったといえるだろう。

その後も売り上げを伸ばして、毎年黒字。創業から5年が経つころにはそこそこの優良会社になっていた。

しかし利益率は決してよくなかった。

5年目には社員も12、13人までに増えていたが、みんなで朝から夜中まで毎日働き、時には土曜も仕事をして、年間で純利益は2000万円程度。広告会社の仕事はなかなか儲からない、ということをしみじみと感じた。

広告を掲載する新聞社や放送局で働く人たちの年収は世間の標準の倍くらいだ。一方、わが社は社長の私の年俸を300万、400万に抑えて利益を出している。社員たちの給料もなかなか上げられない。

この大きな違いが生まれるのはなぜか？

そもそも広告代理店は利益率が悪い業態だからだ。

広告代理店の売り上げは新聞広告で手数料の15%。85%は媒体社が取っていく。今のままでいけば、うちの会社は新聞社や放送局の下請けで終わってしまう。社長としてはこのまま続けていっても先がないと感じた。

では、高収益のビジネスは何かといえば、やはりマスコミだ。情報産業は7〜8割の利益率がある。つまり自分たちでメディアを持たないと、媒体社にならないと利益率は上がらない。

「新聞社や放送局のように自分たちで情報を発信できるメディアを作れないか」と思った。その時に、リクルートという会社が就職情報誌を出して東京でとても繁盛している……ということがふと頭に浮かんだ。

それなら、うちも就職情報専門のメディア、マスコミになったらいいのではないか？

リクルートがそろそろ大阪に進出を始めた頃だった。始めるならいまのうちである。リクルートなどの就職情報会社は、企業から求人広告を集めた「就職情報誌」の発行が主な事業だった。新卒の大学生向けには、当時「リクルートブック」をはじめ、新卒募集する企業のハガキがたくさん入った分厚い就職情報誌が大学や大学生の家に配布されはじめていた。

広告代理店の仕事をしてきたからパンフレットや本を作るのは得意なので、就職情報誌を新たに作るのは簡単だ。求人広告を掲載していただく企業へのプレゼンもお手の物である。

広告を出してくれる企業さえ見つけてきたら、その広告を掲載する就職情報誌を編集して、学生に配ればよい。

よし、いける！

というわけで創業5年目に就職情報誌をやると社員に宣言した。

しかしこれに対しては社内のほぼ全員が反対した。

今も学情で働いている経理の女性が、「社長、こんな利益を出している事業があるのに、なぜ他のことをやるんですか？」と詰問したが、他の社員の思いも同じだったようだ。

社員からの不満の多くは「広告の仕事がしたくて就職したのに……」というものだった。

ちなみに当時大阪には100社を超える広告代理店が存在したが、現在は存在しない会社が大半だ。あるいは残ってはいるが往時の半分以下の規模に縮小している。あの時に「自社でメディアをもつ」ビジネスモデルへの転換を図ったから私たちの今があると思っている。

就職情報業務始めるも1年目は赤字

社内の大反対を押し切って1981（昭和56）年に社内に「学生就職情報センター」部門を新設し、就職情報誌の立ち上げ準備を開始した。

まだ就職情報業界では何の実績もなかったが、掛け声は「リクルートと勝負する」だった。

結論からいうと最初の年は赤字だった。初年度は就職情報誌を発刊できなかったのである。

原因の一つは小さな会社ゆえの知名度のなさ、信用力のなさだ。

企業の人事を回っても「実鷹企画」のことは誰も知らない。新聞社への広告出稿の営業で宣伝部を回るのとは勝手が違った。求人広告はなかなか集まらなかったのである。

2年目は、私も必死である。無我夢中で企業に営業に回り、営業の社員にもなんとか企業から求人広告をとってくるようにはっぱをかけた。

「求人広告の営業がしたいわけではない」というような意見は営業社員にも根強くあり、みんな不満そうだった。

それでも私は「自分が判断したこと、絶対うまくいく」と確信していた。

「これはいずれ叶う、成功するんや。とにかく信じてついてきてくれ」と社員たちには頼んだ。

こうして2年目には就職情報誌を出版できた。

最初に集まったのは30社程度。分厚い紙を使って本の束《つか》を出して大学に配った。収支としてはトントンくらいである。

就職情報誌が完成してみると、配本の問題が浮上した。

大学は閉鎖的なところがあり、大半の大学は新規参入してきた我々の本をなかなか置いてくれなかった。そこで営業社員には大学のサークルや体育会のクラブの部室を一つひとつ回って配れと命じた。

明治時代の新聞広告から思いついた就活学生の「自己PR特集」

「これではなかなかあかんな」と、就職情報ビジネスを1、2年やってみて思った。

そこで思いついたのが「逆から攻める」ことだ。求人広告を出す企業側からではなく、求人広告を読む学生側から攻めてみてはどうか？

そこで就職情報誌で大学生の「自己ＰＲ特集」を組むことにした。

今で言う「逆求人サイト」と同じ発想で、学生が企業に自己ＰＲする記事だ。すると1万人くらいの応募者があった。

この特集が非常に企業から好評だった。

どこの企業も学生の情報が欲しい。しかし中堅企業の多くは就職情報誌にいくら求人広告を出しても応募ハガキが全く返ってこず、採用につながらないことのほうが多い。

しかしこの「自己ＰＲ特集」では、学生のプロフィールがわかり、わが社を通じて連絡も取れる。最終的に採用にもつながる可能性が高い。

「この本をもらえるなら求人広告を出しましょう」という企業が増えたのである。

この「自己PR特集」は、実は明治時代の新聞広告から思いついた。

本を読んでいて得た知識だが、明治時代は新聞広告に「求む　お婿さん」「求む　お嫁さん」といった個人のPRが載っていたという。「なるほど、こういう発想もあるな」と応用したのである。このように、ビジネスのアイデアはあらゆるところに転がっている。問題はそれを見いだせるか否かだ。

大学生と中堅・中小企業の出会いの場を創出した「就職博」

新規参入した会社として、就職情報業界で発展していくためには、業界初のサービスや商品で打って出ていくしかない。ということは早々に理解した。

大学生の自己PR特集が大阪を中心に関西の企業や大学生に好評を得たのに続き、さらに新しい商品を生み出さなくてはならない。

自己PR特集に続く、第二弾として考えたのが今も大人気の「就職博」だ。

80年代半ばに入ると、不景気から一転、世の中はバブル景気に踊った。就職業界は学生の売り手市場となり、一部の大手企業、有名企業を除き多くの会社は採用難であった。営業で回ると、多くの中堅・中小企業が「学生が来てくれない」という問題を抱えていた。

インターネットが普及する前、学生の応募は就職情報誌の巻末についている各社あてのハガキを出すことから始まっていたが、学生は名前を知らない企業には応募ハガキを送らなかった。

新聞や雑誌によく登場するような大手企業、大学生が日々の生活で目にする商品を作っている企業などに限られてしまう。中堅や中小企業にはＢｔｏＢ（企業間の取り引き）で業界内では有名な企業も少なくないのだが、大学生はこうした企業のことを全く知らないため、応募しないのだ。

採用活動を行っていても、学生に会うことすら難しいという状況だったのである。

その時、思いついたのが「学生が来てくれないというのなら学生が集まっているところに出ていけばいいのではないか」ということだ。これも逆転の発想である。体育館のような広いところに学生を集め、そこで企業と学生が個別に就職説明、個別面談ができればいいのではないか？　いわば就職の「合同お見合い会」のようなものを開催したらどうか？

「学生との合同お見合い会のようなものをやるのはどうでしょうか」と企業の採用担当者に聞くと、「そんなことできるんですか。開催されるなら絶対に出ますよ」とどこも大変乗り気だった。

こうして誕生したのが「就職博」だ。名前は「万博」から思いついた。「就職の万博みたいな感じで就職博というのはどうだろう」と名付けたら、みんなに「いいですね」と言われた。我ながら素晴らしいネーミングだと思った。

こうして、1984（昭和59）年秋に、広告の仕事でお付き合いがあった朝日放送（ABC）にお願いしてJR大阪駅ビルのアクティ大阪（現・サウスゲートビルディング）にあるABCエキスタを借りて、第1回目の「就職博」を開いた。

日本初の大学生と企業が直接面談するイベントである。きっと会場は大勢の学生でにぎわうにちがいないと、大きな期待を胸に臨んだ。

しかし――。

第1回目の就職博はさんざんな結果となった。

学生がまったくやってこなかったのである。

20社の企業が参加し、2000人の学生を集めるつもりだったのだが、100人程度しか来場しなかったのだ。時々、通りすがりのおばちゃんが物珍しそうに覗いて「なにしてるの？」と聞いていくのがつらかった。いまから思えば開催時期も悪かった。

当時の就活は春から秋にかけてがピークだった。開催が学生たちの就職活動がちょうど終わったころだったのである。だから学生はこない。秋も深まり涼しい時期になっていたが、大汗をかいた。

開催時期と告知の仕方が問題だったのだが、なにより、「就職博」というこれまでは存在しなかったイベントを学生に告知する手段が十分になかった。

その時はがっくりときたが、めげはしなかった。

「就職博」というコンセプトの意義は企業の方も認めてくださった。

あとは学生を大勢集めればいいだけである。

翌年の第2回目はなんとしてでも学生を集めようと努力した。

まずは私の出身大学の近畿大学の就職部長に、学生に参加してもらうよう頼みに行った。

組織力でいこうと考えたのだ。就職博の説明をすると、「そりゃ、ええな。やっぱり直接会う方が学生にとってもメリットがあるから、応援するわ」

と就職部長は快く協力してくれることになった。

本当は「500人集めてください」と頼むつもりだったのだが、つい「1000人お願いします」と言ってみた。さすがに就職部長もびっくりして「1000人いうたら多いで」と言われたが「いや是非お願いしたいんですわ」とあくまでも頑張ると、「ほんならええわ。1000人出そうか」と応じてくれた。

次に学生就職情報センターのナンバー2が、関西大学出身だったので「おい、近大はOKしたから、関大にも頼むように」と指示。近大と関大はライバル意識があるため、近大が1000人出すなら、うちも1000人出すと言ってもらえたという。

こうした動員工作も功を奏して、2年目の就職博は1500人~1600人の学生が集まった。参加企業は30社。エキスタ会場に入りきらないほどだった。

参加企業の方に「何人と面談できましたか?」と聞くと、「50人と出来ました」「100人くらい」といった答えが次々と返ってきた。少ないところでも30人。これまで就職情報誌に広告を出しても応募ハガキが一通もこなかったり、一人も採用面接ができなかった会社がほとんどだったので、大変喜んでいただけたのがなによりも嬉しかった。

創業からの私たちが目指してきた「社会の役に立つ」「お客様に喜んでいただく」ことがまさに実現できたのである。

1年目は思うようにいかなかった就職博だが、2年目に2000人近くの学生を集めると、一気に注目を浴びた。こういうことは世の中にバーッと広がる。

「就職博に出れば、大学生に何百人も会える」という噂が中堅・中小企業に口コミで広がっていったのだ。求人広告を出しても学生が応募してこない、大学生に会ったことがないと困っている日本全国の企業に就職博の噂は一気に広がった。

このため第2回の就職博を終えてから1、2か月の間はあちこちから電話がかかってきた。

「大阪の就職博に出たい」「東京でやってくれ」「名古屋でやってくれ」、その他各地の都市からも「やってくれ」という熱烈な電話がかかってきた。

それまでは大阪を中心に関西で展開する会社だったが就職博が大成功することで、がぜん全国的に注目を浴びるようになった。

私たちも東京など全国の大都市での就職博の開催も視野にいれるようになった。

そして大阪での就職博は年々集まる学生も企業も増えていった。

84年に「就職博」を始めてから5年間で、取引先企業は約6倍の3000社にまで増えた。

さらに88年に起こったリクルート事件の余波もあり、当社の就職情報事業はその後も伸びていく。就職博をエンジンに会社の事業が広告から就職情報へと本格的に移行していこうとしていた。

採用の大原則は「直接会うこと」

就職博がこれほどまでに支持され成功したのは、採用は学生と企業が直接会わない限りできないという大原則があるからだ。

いくら履歴書を見ても、最終的にはｆａｃｅ ｔｏ ｆａｃｅで会わなければ採用を決めることはできない。当時でいえば分厚い就職情報誌、いまならインターネット上に膨大な企業の情報は載っているが、それをいくら調べても、なかなか企業のこと、業界や業種、そして仕事についての理解は深まらない。さまざまな業種の企業の社員と直接会って話を聞いてみなければ、学生もどんな業種、どんな会社で働きたいのか、働くべきなのかはなかなかわからない。

そのことは大学の就職部やキャリアセンターの人たちもよく理解し、学生に対して「本だけで就活してはいけない」「色々な企業を見てみるべきだ」と「就職博」に行くことを勧めてくれた。

企業と学生の合同企業説明会は昔も今も、そしてこれからも就職活動で大きな役割を担っているのだ。

就職博ひっさげ、東京へ、名古屋へ

「就職博」の大成功は私たちが大阪から全国へと活動を広げていくきっかけとなった。

1989(平成元)年には東京に支社を開設し、翌90年には東京で初の就職博を開催して大成功を収める。90年には名古屋支社も開設して、91年名古屋での第1回就職博を開催し、こちらも大盛況となった。

進出する上での原則は「魚の多いところ」つまり、お客さんの密度の高いところに行けというもの。

89年に東京に進出した時のことは今も覚えている。

支社をどこに開設するか。89年の春からオフィス探しを始めていた。私は関西の人間で東京の土地勘はない。思いつくのは銀座、丸の内だけだ。

銀座界隈をふらふら歩いていた時に、京橋に三鬼商事さんという不動産会社があった。そこに飛び込んで、「東京に事務所を出したいんですが」と切り出した。

銀座か丸の内を希望したが1軒もないという。

ただ、今建築中の小ぶりのビルが東銀座に1件だけあり、夏ごろに完成する予定だが、入居に関しては信用調査をした上で、面接を受けるのが条件だという。

こういう時はどうすればよいのか聞くと、

「メインバンクから電話を一本、相手側にいれてもらうとよいと思いますよ」

とアドバイスされた。

そこでメインバンクの住友銀行に頼むと当社は大阪ではすでに優良企業になっていたので、すぐ相手先に電話してもらえて、スムーズに面接を受けられた。面接では当然、事業の内容を詳しく聞かれたが、学生たちの就職情報関係の事業を行っていること、発行している就職情報誌や「就職博」の会場図などを見せると、「すごい盛大ですね」ということで、一発で合格が決まった。

こうして最初の東京オフィスは銀座に構えることとなった。

大手から衝撃をもって迎えられた就職博

企業と学生が直接対面する「就職博」は、それまでの新卒採用に新しい風を吹き込んだ。

1990年についに東京で就職博を開催すると、就職情報業界の大手競合企業は衝撃を受けたという。

それまでは大手競合企業は就職博というイベントのことはあまり知らなかった。「学生就職情報センターとかいう会社が就職関連のイベントをやってるらしい」といった感じだった。

しかし東京でついに実際にどういうものかを知る。会場にいくと1000人、2000人という学生であふれていて、そこに数十社の企業がブースを出して、学生と直接コンタクトしている。そして彼らの顧客でもある中堅・中小企業からの評判が非常に高い。

大手競合企業は当社のことを知り脅威を感じた。

彼らからすると大阪からやってきたまったくのよそ者である。

なお当時の就職情報業界といえば、草分け的存在としてダイヤモンド社があり、江副浩正さんがリクルートを作り、80年代に大きく成長した。私たちが新規参入したときにはこの2社が二強だったが、毎日新聞系の毎日コミュニケーションズ（現マイナビ）、日経新聞系のディスコといった新聞社系の就職情報企業が続き、さらに中堅の会社がいくつか、専門性の高い人材分野を対象とした会社があった。

そこに新規参入していくのはなかなか厳しいものがあった。

ということで、その後妨害活動も少なからず受けた。

たとえばある大手の就職情報誌で「就職イベントに行く学生は偏差値が低い学生が多い」といった記事が出たことがある。〈ある調査によると、頭がいい学生は自分で情報収集ができ、就職活動ができるので就職イベントには行かない。頭の悪い学生だけが合同企業説明会に集まる〉というのである。

笑ってしまうような内容だ。

それだけでなく大手競合社が企業側に「頭の悪い学生しか集まっていないので、参加しても無駄です」といった情報も流していた。実際には就職博にくる学生は意欲や行動力があり、企業にとって頼もしい人材なのに、である。

ところが、企業同士も情報交換をしていて「けっこうよい学生が来ている」「30人は就職博で採用した」「広告を出しても応募はゼロだったのが、就職博に行ったら50人の学生とコンタクトがとれた」といった参加企業の評価を知っていたので、こうした妨害の影響を受けることなく企業からの参加申し込みはますます増えていった。

就職博の悪口を流しながら、一方で大手競合社も東京での就職博の類似イベントを開催する準備を始め、実際しばらくすると同じようなイベントがあちこちで開催されるようになった。

当初は運営の仕方がわからなかったのだろう。東京で開催した就職博には、大手就職情報会社からの「スパイ」が会場に数多く入り込んでいた。明らかに学生でもない人間が入ってきて、会場内の様子や設営の仕方をカメラで撮影していくのだ。

見つけるとすぐに現場を押さえて、会場から放り出すということをずいぶん行った。

やがて同様のイベントを他社も開催するようになると、今度は就職博と同じ日程でイベントをぶつけてくるところが多かった。さらに就職博会場近くで、大手競合社がビラを配って、自分たちのイベントへ誘導しようともしていた。

なりふりかまわずである。

もちろんこちらも何の対抗措置もとらなかったわけではない。

就職博を始めた時に、「就職博」というイベント名を商標登録していた。これが非常に大きな意味を持った。

というのも大手企業が我々の真似をして合同企業説明会を開催し始めた時に、ある2社が「就職博」という言葉をそのまんま使ったのだ。法律事務所から弁護士名で警告書を出すと、一発で差し止めることができた。弁護士さんが見れば「これは裁判になったら相手は勝てません」という。「就職博」を一般名詞として使おうとしていた各社は、他の名称にするしかなかった。

イベントでも商品でも必ず商標登録をするのは私のビジネスの基本である。

近畿大学で法律を学んだこともあって、私にはもともと権利を守るための法的措置といったことに敏感だった。

一方、当時の就職情報業界は知的財産権の意識は薄く、商標登録をするという発想もなかった。実はマスコミも意外にこうした意識が薄かったのではないかと思う。

小さな会社が苦労して優れたアイデア、よい商品を生み出しても、力のある企業に真似され、シェアも取られてしまうということは世の中に数多くあふれている。

私たちにしても当時は社員30人程度の会社で、かたや競合他社は1000人という規模だった。だからそうしたところと戦うのに、やっぱり法律の知識は絶対必要になるのだ。

もし私たちが商標登録をしていなければ、裁判になり時間もかかりもめたはずだ。他の企業に「就職博」という言葉を使われてしまえば、最初に合同企業説明会というものを「発明」したのにもかかわらず私たちの「就職博」は埋もれてしまっただろう。

しかし、商標登録をとっておいたおかげで、就職博のコンセプトは真似されたが、この名前は守れた。「就職博」というブランドを守ることができたのである。そして35年がたった今も「合説（合同説明会）で№１」の実績を誇る「就職博」は学情の大ヒット商品として、いまも７０００社以上の企業が参加し、30万人以上の学生たちを集めているのだ。

発展期に足元をすくわれた辛く苦しい体験とは

就職博が大成功し、当社は広告会社から就職情報会社へと本格的に舵を切ることができた。89年にはついに東京にも支社を開設し、会社としては発展していたが、この同じ時期に当社は大きなトラブルも経験した。

合弁事業で紛争が起き、社員を巻き込む形で紛糾した。

私にとってはその後の経営方針の大きな教訓ともなった、苦く辛い体験である。

経営者として真っすぐに生きていきたい、人の裏をかくような生き方は絶対にしたくないと強く思うようになったのもこの時の経験があったからだ。

ことの発端は1986（昭和61）年に教育関係の会社の社長と設立した合弁会社にあった。

広告代理店としてその塾の拡大・発展に協力した長年の顧客であり、社長とは個人的にも親しくしていた。ある時その社長から「教育産業は少子化の影響を受けて将来厳しい。どうしたものか」と相談された。こちらは就職博が成功して、これから伸びていくところだったので、「共同で事業をやりませんか」と誘った。学生就職情報センターの商品「就職博」の参加枠を企業に売っていく、あるいは就職情報誌に広告を載せる企業を開拓するなど、当社の営業部隊のようなビジネスをする会社だ。

当社のビジネスの上に成り立つ仕事ではあるし、会社の規模も売り上げもこちらが圧倒的に大きかったのだが、そのとき合弁会社の社長の座を彼に譲り、私は専務になった。株の比率は私と社長とで50－50。

昔からの顧客で親しくしていた人であり、私よりも10歳くらい年上だったので社長の座をつい譲ってしまったのだ。それが大失敗だった。

もちろん社長の座を譲った時は相手を完全に信頼していたのである。本来は自分が社長になるべきだけれど、この人なら大丈夫かなという思いがあったのである。

トラブルの原因はこの会社の業績が極めて優良だったことにあったと思う。初年度からすでに6000万円以上の利益を出した。

そこで恐らくその社長は会社を全部自分のものにしたくなってしまったのだ。

二人で分けるより、一人のほうがいい。中井清和を追い出したら全部取れるということだったのだろう。取り巻き連中からいろいろと悪知恵をつけられたのかもしれない。いずれにしろひどい裏切り行為だった。

当初はうちから10人以上社員を出し、先方からは2人の社員を出した小さな会社だったが、うちから出向していた社員のうち2人を「給料倍額にするから」と誘って、その2人は結局先方側の社員となってしまった。こうして社員を巻き込んだ形で紛争が起きた。

いったん争いとなると、社長の権限は非常に大きい。社長の力の大きさがこの時身に染みてわかった。

どんどん紛争が大きくなっていく中で、「もう会社を解散しましょう」「お互い元に戻しましょう」と提案したが、向こうは続けるという。そこでさらに大紛争になった。悪意に満ち、あることないことを書かれた怪文書が5回ほど出て、得意先全部に流れた。

怪文書が回った企業さんに頭を下げ、謝りに行った。東京から名古屋から、全国を回った。

「大変でしたね」と慰めてくれる会社もあった。商社さんはしょっちゅう怪文書を流されているそうで、「うちもよくやられているから大丈夫」と笑っていた。

しかし会社としては、こうした紛争には巻き込まれたくないのが本音だ。多くの顧客を失うかもしれないと危惧したが、95％の企業がついてきてくださったのはありがたかった。だが5％の顧客は失った。

「正しきものは強くあれ」を支えに

苦しかった。人に裏切られることが人間一番苦しいということを知った。経済的な不況よりも100倍くらい苦しかった。夜も眠れない。

ある人に相談すると、「95%のお客さんが応援してくれるなら、君、絶対勝てるわ」と言われ、ついに裁判を起こした。

そのときに心の支えとなったのが経団連の会長（在任1974年~80年）を務めた土光敏夫さんのことを書いた本だ。本の中にあった「正しきものは強くあれ」という言葉が私を応援してくれた。正しい人こそ強くなければならない。そうでなければ、世の中は良くならない。

「正しきものは強くあれ」の書を社員にばっと配った。「正しい者が戦いに負けては、世の中はだめになる。うちは何にも悪いところなどないから絶対に勝たないかん」と言って、自分をそして社員を鼓舞した。

裁判には1年半くらいかかったが、全面勝訴し、1億6000万円を支払ってもらった。

そのうち1億円は貯金し、残りの6000万円は社員に役職に応じてバーンっと還元し、慰労した。若い社員でも数十万円にはなったので、みんなすごく喜んでくれた。

相手方の教育関係の会社は5年ほどして倒産した。従業員が反旗を翻して新しく塾を設立したという。

あちら側に引き抜かれた2人の元社員のことも辛かった。

実は10年くらい経ってから「戻してほしい」と訪ねてきたが断った。「今は君たちのことを非難する気持ちはないが、あの時に戦った社員がたくさん残っている。無理だ」と伝えた。


この大紛争から得た教訓は、事業を共同でやる場合、信じすぎないこと。残念なことだが、9割は信じても、1割はやっぱり用心しておく必要があるということだ。トップは社員を巻き込んでしまうので、自分だけの問題ではすまされない。

人間には心変わりがある。万が一の時のための仕組みをつくっておかないといけない。

企業が合同で事業を起こすということになった場合はどちらかが株式を51%以上持たなければうまくいかない。50－50では争いの元だ。実力があるほうが社長にならなくてはいけない。

私が社長で株式も51%をもっていれば、共同経営者となった人も全部を自分のものにしようといった悪心も起こさなかっただろうし、うちの社員を勧誘するということもなかっただろう。

だから、最初から人が悪い気持ちを起こさないような仕組みにしなくてはいけない。実力があるほうが譲ってはいけない。

そして、経営者には商法、会社法などの法律の知識やセンスが重要だということも学んだ。

それも紛争が起きたときのためではなく、紛争を起こさないようにするためにこそ必要だ。紛争が起きれば、みんな疲弊する。精神的にも大きなダメージを受け、会社もダメージを受ける。紛争が起きないように前もってできるだけ手を打つことが大切だ。

起業してから40年以上が過ぎた今も、ビジネスで最も苦しかった体験はこの時の紛争だったと思う。人に裏切られることの辛さ、しんどさ、苦しさ。

「正しきものは強くあれ」という言葉も強く心に刻みつけられた。

非常につらい体験だったが、この体験によって経営者として私は大きく成長できたのかもしれない。

2章

他社がやってないことをやれ

大手に負けぬためには絶えず新しい商品を出していかねばならない

「就職博」で当社は就職情報業界に存在を知られるようになったが、その後も次々と業界になかった新しい商品やサービスを作る努力を続けた。就職博のあとには中途採用向けの合同企業説明会「転職博」も業界初として立ち上げた。「競合他社がやっていないことをやれ」が会社の合言葉となっていった。

もともと物まねをするのが好きではない、性に合わないということもあったが、大阪を本拠とした新規参入の会社が東京に本拠をおく大手の就職情報会社に負けずに成長していくためには、他社との激しい競争をしないですむ他の会社がやっていない商品、サービスで成長していかざるを得なかったのだ。

新規参入の「壁」はどこの業界にもあるものだが、就職情報業界もその例にもれず参入障壁がいろいろあった。

たとえば当社は「日本就職情報出版懇話会（以下、懇話会）」という業界団体にもなかなか加盟させてもらえなかった。

就職情報会社の任意団体で、日本全国の大学の事実上の公認団体だった。懇話会に加入していないとなかなか大学に認めてもらえない。就職情報誌を大学に配布するにしても、就職活動を始める新4年生の情報提供（当時は個人情報保護法がなかった）も、基本的には懇話会のメンバー企業であることが条件となっていた。就職博の告知を流すのにも懇話会メンバーになっていないと何かと不便だ。

ところが当社は就職情報事業を始めて恐らく10年近くは懇話会に入会させてもらえなかった。就職博で注目を浴びた後も、だ。最終的には私の出身大学の近畿大学の就職部長からも応援していただき、ようやく加入できた。

新規参入に対して既存企業はさまざまな妨害をしてくる。そのことを身をもって知った。日本はやはり島国なのだと感じざるをえなかった。これは新聞社系の広告代理店では経験したことがなかった。

新商品を作り出して、他社との競争がないブルーオーシャンでどんどん業績を伸ばしていくことが新規参入の当社が生き残っていく方法だ。しかし、新しい商品を発表して、わっと大評判になっても1、2年するとかならず競合他社が真似を始める。新しいものを作っては真似され、新しいものを作っては真似される。これはしんどいが、続けていくしかない。

実は「就職博」を始めた当初、当時のリクルートの社員達は、企業に「学生就職情報センターさんの就職博は抜群ですよ」と褒めてくれたようだ。そのため、当初は「リクルートに教えてもらった」という企業からの問い合わせもあったくらいだ。「オリジナリティーでビジネスをやれ」というのが、当時社長の江副浩正さんのやり方だった。「就職博」がよいことはわかっていても、物真似はしないというのが江副さんの信条であり、リクルートの社風だった。

しかし、88年のリクルート事件で江副さんが一線を引くと社風も少し変わったようだ。

本当は、最初に新しいものを生み出すよりも、新しい商品の真価にいち早く気づいて真似をする「ファースト・フォロワー」になることが、最も効率的だという説もある。

しかしファースト・フォロワーで大きな利益を得られるのは大手企業だ。すぐに新商品の真似をして開発ができて、それを市場に出してシェアをとるには、それ相当の資金、開発力、販売力が必要になる。

学情も最近でこそ300人程度の会社になったが、就職情報ビジネスに乗り出したころは社員数十名。まともに競争していては大手競合他社には勝てない。新しいヒット商品を作り続けていくしかなかったのだ。

業界初のインターネットの就職情報サイトを立ち上げ

就職博から約10年後、1995（平成7）年には、業界に先駆けて学生と企業を結ぶ、日本初のインターネットの就職情報サイト「G-WAVE（現あさがくナビ）」を立ち上げた。

その年、パソコンのOS、Windows95がマイクロソフト社から発売され、パソコンが日本でも本格的に普及、同時にインターネットの利用も広がりを見せていた。

当時は、インターネットのブラウザのNetscapeとマイクロソフトのIE（インターネット・エクスプローラー）のシェア争いが激しさを増しており、世界中がネット社会に突入していこうとしていたのである。
「ネットは時代を制す」と私は確信し、いち早く布石を打とうと考えた。こうしたことへの嗅覚は広告代理会社で働くなかで鋭くなっていたので、自信があった。

就職情報サイトを立ち上げるといっても、当社にはネット関連の技術者はいなかったし、ネット事業を始めるからといって新たに関連部署を設立するというような余裕はない。そこでネット関連企業や業界に詳しい人物と接触し、ネットワークを構築しながら、手探りで進めていった。

インターネットのシステムを一から開発するのにどれくらいかかるものなのか？まったく未知の世界のことを調べた。その結果開発を委託しようと考えた会社からの回答は「開発に2億円近くかかる」というものだった。

なかなか大きな金額である。しかし、「じゃあ、やろう！」と、私はすぐにゴーサインを出した。常に利益の半分は貯めるようにしていたので、会社には十分な資金があり、すぐに開発に取り掛かってもらうことができた。

利益の半分は貯め、あとはみんなで分ける

ネット事業の立ち上げといった大きな投資では、銀行の融資などの借金をするという企業も多いだろう。しかし学情では多くの場合は自己資金で行ってきた。

私の経営の原理原則は「出した利益以上のお金を使ってはならない」ということに尽きる。

そして「約束は絶対に守る」。社員に対しての約束、そして取引先企業などへの約束を守る。納期はもちろん、特に支払い期限を守る。

おそらく多くの人は「当たり前のことではないのか」と思うことだろう。しかし現実にはそれが全部できている経営者は意外に少ないのだ。

特に「利益以上に使わない」ということが意外とできない。ちょっと儲かったことで気が大きくなって利益以上のお金を使って、贅沢な社長室を造ったり、派手な社用車を用意したり……といった経営者が多いのだ。

しかし経営の基本は、「見栄を張ってはならない。ええ格好はしない」ことだ。実

力相応のことをしていかないといけない。見栄を張って実力不相応のことをやっていくことで行き詰まっていく会社は非常に多い。

利益に関しても、どう分配するか、私は起業した早い段階からルールを決めていた。まず「儲けはみんなで分ける」というのが基本にある。社長や経営陣が儲けを占有するということは絶対にしない。

1989（平成元）年〜92年のバブル末期は景気が大変よく、就職情報業界も非常に儲かった。当社も年間で5億円、6億円という利益が出ていた。当時はまだ年間売上高が20億円前後だったので、いかに儲かっていたかがおわかりいただけるだろう。

この時はボーナスを年3回支給した。古参社員が100万円、社長が200万円、新入社員でも、入社して秋になったら30万円程度のボーナスをもらっていたはずだ。「社長だけがええ目を見るということは絶対せえへんからね」と社員に宣言し、その通り実行してきた。みんな一緒に働いて、利益を出したらみんなで分ける、みんなで幸せになるという考え方だ。

しかしその一方で利益の約半分は内部留保するということもずっと実行している。この話をすると「回す割合が高い」とよく指摘されるが、いざという時の備え、そしてここぞという時に投資するための資金として、内部留保は企業にとっては重要だ。実際、十分な資金があったおかげで切り抜けられてきた局面が何回もある。

そして新しい商品を次々作っていくためにも資金は必要だ。

大きな投資にすぐ動きたいというときに、力を発揮するのは現金なのだ。そこですぐに動けなければ、競合他社に先を越される危険性もある。適切に迅速に決断し、実行するためにも内部留保は大切なのだ。そのおかげで、サイト開発にすぐに動けたのである。

業界初のネット就職情報サイト「G-WAVE」

こうして日本初のインターネット就職情報サイト「G-WAVE」は1995（平成7）年12月に誕生した。新卒向けのサイトで無料会員になればネット上で新卒採用を行っている企業の情報を調べ、かつエントリーができる。現在、就職活動といえばネットでのエントリーが当たり前になっているが、それを最初に実現したのが、G-WAVEだったのである。

このサイトはやがて学情ナビ（学ナビ）、そして現在の朝日学情ナビ（あさがくナビ）と名前を変え、サービスの質をバージョンアップさせてきた。

インターネットが日本で認知され始めた頃である。業界初というだけでなく、会員向けの情報サービスをするサイトも日本ではまだ少なかった。

「業界に先駆けて新しい就職活動のあり方を作った」と大変満足し、このブルーオーシャンでシェアを伸ばしていこうと考えた。

ネット立ち上げ直後にリクルートも参入

しかし、当社がインターネット情報サイトを立ち上げて3か月経つか経たないころだった。１９９６（平成８）年2月にリクルートも新卒向けの「ＲＥＣＲＵＩＴ ＢＯＯＫ ｏｎ ｔｈｅ Ｎｅｔ（のちのリクナビ）」のサービスを開始した。

まさか、こんなに早くインターネット情報サイトを立ち上げるとは……。

いずれは真似されると思っていたが、予想よりもかなり早かった。

こちらが１００人、１５０人の登録者を集めたというところに、最大手リクルートがネットを立ち上げるとあっという間に千人単位の学生登録者を集めた。もちろんその後、こちらにも登録する学生はいたが、全体数として勝負にならなかった。

リクルート事件後の当時、リクルートの副社長だったのが河野栄子さんだった。97年に彼女は社長に就任するのだが、さすがの手腕だった。

リクルートの就職情報サイトが、学情より1、2年遅れての立ち上げなら、その間に当社は登録者数をある程度確保し、シェアを確保できると想定していたのだが、大手にすぐに始められてしまうとなかなか厳しい。この後、その他の大手も次々と就職情報サイトを立ち上げた。結局スタートは一番だったのだが、いまのところ会員数で見れば3番手に甘んじている。

実のところ95年、96年という時期は日本ではようやくインターネットが使われ始めたころだ。まだまだパソコン好きのマニアや理系学生などが中心だった。いまのように日常的にネットが使われる状況とは全く違っていたのである。

企業に「ネットで学生のエントリーを」という提案をしても、企業の人事担当者がインターネットのことをあまりご存じなかった。初物食いは敬遠するという傾向が人事担当者には強く、「他社の様子を見てから、来年検討します」という感じであった。大学の就職部にも「学生にうちの就職情報サイトに登録させてほしい」と説明をしたが、もうひとつピンときていなかった。

つまりこの時期の就職情報サイトの立ち上げは、マーケティング的には時期尚早ではあった。それでもあえて挑戦したのは、やがて必ずネットが就活で大きな役割を果たすようになると確信し、少しでも早く始めてアドバンテージを取っておきたかったからだ。

その狙いは、残念ながら当初の思惑のようにはいかなかったのだが、それでも業界に先んじてネット事業に参入したことで、その後のネットでの競争で大手に伍して戦っていく地歩固めができたのだと思う。

はたして、2000年ころになるとインターネットの利用は大きく広がり、就活サイトは新卒採用の中心になっていったのだ。

河野さんにもうひとつ驚かされたのは紙媒体の見切りが非常に早かったことだ。

今の学生には想像がつかないだろうが、インターネットが普及する前は、就職活動は、就職情報会社が発行する分厚い就職情報誌についている各社への申し込みハガキを出すという形で始まった。新卒学生のところには分厚い就職情報誌が何冊も届き、大学にも配布された。

リクルートが発行していた「リクルートブック」は数冊あって、段ボールにいれて学生に送っていた。何千何万の会社を顧客にしていたはずである。

河野さんは、リクナビのサービスが軌道に乗ると一気にリクルートブックはやめて、ネットに特化したのだ。普通の経営者であれば、リクルートブックにあれだけ会社が集まっているなら本とネットと両方を続けていこうとすると思うが、そこでいち早くネットだけにした。さすがやなと感服した。

業界初、新しいものを生み出し続けて会社が成長

その後も当社は業界初の試みを生み出し続けた。中には失敗したもの、計画途中で頓挫したものもある。真似に対しては、商標登録をはじめとしたさまざまな手立てを講じつつ、とにかく「他社がやっていないもの」を生み出す努力を続けていったので

ある。そのこと自体、学情という会社を強くしていった。

当時、就職情報業界にはメインの会社が10社以上あった。しかし今ではメインのプレス（情報会社）はリクルート、マイナビ、そして、ディスコ、学情の4社くらいだろう。淘汰されていった企業は同じことを繰り返す中で衰退していったところが多い。一方、学情は新しいものを次々と作り出す中で、変化を恐れず、新しいものに常にチャレンジする会社に成長することができた。それが時代の激しい変化の中、生き残り続けられた理由だと考えている。

売上金回収の大切さ

次第に就職情報ビジネスも軌道に乗り、ネットビジネスに乗り出すころには売り上げの7割は就職情報ビジネスになり、広告の売り上げは3割程度になっていた。

会社としても拡大期にあったが、こうした中で改めて身に染みたのが「売上金回収の大切さ」だ。経営では売上金をしっかり回収できることが重要なポイントになる。契約がとれて売り上げがたったらそれで終わりではないのだ。

これは広告営業の仕事で叩き込まれたことだ。新聞広告はまず新聞社に代理店が先払いをする。先に話だけ決まって、後で回収する。広告主から掲載料と手数料をあとで支払ってもらう。つまりクライアントからきちんと期日通りに支払ってもらうことが大事であり、時に支払いが遅れるクライアントがあれば、大ごとであった。

こうした経験があったので、創業当時から私は売上金の回収に対しては常にシビアだった。そのことがまだ小さかった会社を順調に大きくできた理由のひとつだと思う。

取引先の支払いが滞っているために経営が行き詰まってしまう会社は多い。知り合いの会社でも売上金の未回収によって倒産してしまったところがいくつかある。

いかに売上金を回収するか。これは商売の基本、ビジネスの基本だ。

起業した時から私は「支払いが3か月遅れた会社とは取引停止」と売上金回収のルールを作っていた。そして徹底した。どんな会社でも例外はなく、支払いが3か月遅れた会社とは取り引きをしない。有名企業であっても上場企業であってもである。

同時に法的手段を取る。つまり裁判を起こす。

有名企業でも裁判で勝って、1000万円回収したこともある。

もちろん中には裁判で勝っても、お金を取れなかったこともある。しかし42年間で売上金の回収ができなかった総額はおそらく２０００万円以内、年額で50万円程度だ。

支払いが悪い会社とは前金でしか取り引きしない。

取り立てを厳しくすることで、取引先が減ってしまう不安はなかったのかと聞かれることもあるが、取引先が減ってもかまわないという意識で断固たる態度でこれまでやってきた。第一、支払いをきちんとできない会社と取り引きする必要はないだろう。

料金を払わない会社には「クセが悪い」会社がある。

「25人採用したかったのに23人しか採用できなかったから払わない」というようなことを言ってくる企業も中にはある。こういうときはだいたい裁判を起こすなどしてでも、支払ってもらう。

ワンマンの経営者の中には料金を払おうとしない、というタイプがいてトラブルのもとになることがあった。そういった企業とはもちろん取り引きはお断りした。その後、取り引きを断っていたワンマン社長が亡くなった後に「学情さんと取り引きしたい」という話があったので、「前金で」という条件で取り引きを再開したこともある。

厳しすぎると感じる経営者もいるかもしれないが、売上金の回収はそれくらいシビアな問題なのである。命がけで回収をしないといけないのだ。

「お客様の役に立つ」という創業からの理念は変わらず

新規参入で競合に負けずに生き残っていくための方針は「業界初の新しい商品、サービスを次々生み出していくこと」だが、しかし一方で創業以来の当社の軸はずっと変わらなかった。

「仕事で社会の役に立つ」「困っているお客様の助けになる」ということだ。

学情のすべてのビジネスは常にこの軸に沿ったもので、この原則から外れるようなことは現在に至るまで決してしてこなかった。

率直にいって、お金を儲けるためには手段を選ばない企業もこの世の中に数多くある。同業にも少なくない。しかし私にはお金儲けを最優先にするという考え方は全くない。

お金儲けはもちろん大事だ。お客様から適正な料金はしっかりいただくし、赤字になる事業は続けない。しかしお金儲けが最優先、利益第一としているわけではない。

お客様の困っていることを解決する、社会の役に立つことをするが、最優先なのである。

就職情報ビジネスは、企業の採用活動をサポートするビジネスだ。

学情は新卒採用を中心にビジネスを展開してきたが、その中心となるのは中堅企業や中小企業、ベンチャー企業だ。就職情報誌、就職情報サイトでは大手企業、有名企業も紹介するが、これはどちらかというと学生側の関心が強いからだ。大手有名企業は放っておいても学生が集まってくるため、採用困難度はそれほど高くない。

かつて、リクルートの江副氏も著書で記していたが、就職情報関連の主要な顧客は採用困難度が高い中堅企業、中小企業の方々なのである。

こうしたクライアントに対し就職情報会社は採用のためのさまざまなサポートを行う。

学情では、就職情報サイトに広告を載せ学生からのエントリーを募ること、合同企業説明会「就職博」で直接、企業と学生が触れ合う場を作るといったことが、まずある。これだけのお付き合いとなる企業もあるが、多くは採用目標の達成まで、募集、セミナー開催、面接のやり方などさまざまなノウハウを提供し、手取り足取り企業が採用目標を達成できるようにコンサルティングしていく。基本は、すべてのサービスを合わせた「パッケージ」での取り引きだ。採用に関するコンサルタント業といってもいい。これが就職情報会社で一般に行われている業務である。

パッケージのサービス内容や質に関しては、会社や担当者によって、結構差がある。クライアントに対してどれだけ真摯に対応しているかの違いが出てくるのだ。

クライアントには誠心誠意

実は就職情報業界を見渡すと、あまり顧客に対して誠実ではない会社もあるようだ。

以前、有名な関西の子供服企業A社の創業者から「学情さんだったら5、6人の採用にどのくらいかかるか」と相談を受けたことがある。「100万円あればできます」と答えると、「ああ、やはりそれくらいの金額ですよね」と深くうなずかれる。

詳しくお話をうかがうと、販売職で5、6人新卒採用したいと考えて、他の大手就職情報会社に飛び込んだところ、「2、3000万円」という額を提示されたという。

当時、A社の年間の利益に相当する額だった。高飛車な提示に腹が立ち眼から火が出たという。「しかし、断って、大阪の会社だからと馬鹿にされたらかなわん」と1年間だけ契約したが、結局、採用の目標は達成できなかったのだそうだ。

この後A社には当社がお取り引きをいただくことになったのだが、その創業者は今でもその話を仲間内でされる。よほど悔しい思いをされたのだろう。

相手が採用ビジネスの事情を知らないとみると足元をみて、法外な料金を要求し、しかも成果を出さずに平然としている。こんな不誠実な対応をするとはと、暗たんたる気持ちになった。採用にかかる費用は就職困難度に応じて変わってくる。しかし、当然のことながら適切な値付けがされるべきだし、契約したなら最大限の努力をして、なんとしてでも成果を出すべきだ。

こうした業界の悪しき側面は今も消滅したわけではない。

ある年の5月に銀行からの紹介で、東証二部上場の電機メーカーI社の採用担当者が相談にこられた。やはり大手の競合他社に2000万円の予算で、理系の新卒採用を任せたが、採用ゼロだという。

「ゼロでは困る。なんとかしてほしい」という。

5月では理系の就活はほぼ終わっている。しかし文系はまだ就活が続いている。「こういう会社があって、理系学生が取れなくて困っている。就活を続けている学生はいないか今すぐ聞いて」と近畿大、関西大、立命館大、大阪工業大などに社員を走らせた。結果、なんとか4人採用できた。

「お金を払います」と採用担当者に言われたが、「それは結構です。しかし来年からは学情を使ってください」と答え、翌年は前年の同業大手と同じ予算で担当させていただいた。

このように不誠実な対応をする企業や担当者も業界には存在したが、学情は顧客となる中堅・中小企業に寄り添い、役に立つことに力を入れてきた。

ビジネスは正直であること、誠実であることが大原則だと考えてきたからだ。

私は、「お客様は一人の人間として付き合いなさい」「お客様が困っていることを知って、一緒に解決していきなさい」と営業の社員に日ごろから指導してきた。お客様が困っていることにこそビジネスの種が隠れているのである。

「就職博」が誕生したのも、大学生からの応募がない、新卒学生に会えたことすらないという中堅・中小企業の悩みを受け止め、解決策を考えたことがきっかけだ。

仕事の基本は日ごろからお客様に寄り添い、その問題や悩みを聞き、解決策を共に模索していくことにある。一つの企業に3、4人の担当者がついて分担しながらやっていくが、学情の担当者たちは同業他社の担当者に比べて忙しいはずだ。たとえば大学の就職部へクライアントと同行して一緒に企業ピーアールをしたり、セミナーでの人の集め方や面接の仕方をアドバイスしたりもする。じつにこまごまとお手伝いしていくのだ。「利益最優先」ではできないことをやってきたという自負がある。

「学情の社員は生真面目な人が多いらしいですね」と、競合他社の方からも、よく言われる。学情の社員が担当している企業の方からそういう話がでるのだそうだ。

実際、当社の社員の採用にあたっても、「困っている人を放っておけない」タイプを選んできた。

お金儲け優先、困っている人を前にしても利益優先で考える人は、うちの会社には向いていない。目の前の困っている人に対して、少々お節介でも、なんとかして助けてさしあげたいと思う人を私は好きだし、学情という会社として、そういう人材を求めている。

学生を集めるため就職セミナーに吉本新喜劇を

顧客に対して誠実に、正直に対応するのが学情の仕事のやり方だが、これは単に真面目というのとはちょっと違う。誠実に正直に対応し、お客様の採用目標を達成するために知恵を絞ってさまざまなアイデアを考えてベストをつくす。ある一面ではクリエイティブであることも求められる仕事である。

最近もこんなことがあった。介護・福祉業界の企業の理事長から、老人ホームで介護知識などの普及・啓蒙のため定期的に実施しているセミナーに学生を呼び込みたい。ついては、そのアイデアを募るプレゼンテーションに参加してほしいという依頼を受けた。

じつは、同業大手に6000万円を払い、200人の新卒採用を目指したが13人しかとれなかったという。

定期セミナーに少しでも多くの学生たちを集めて、採用につなげたいという目論見である。

介護・福祉業界というと学生が敬遠しがちな業界である。正攻法で宣伝してもなかなか学生は集まらないだろう。まずはセミナーに学生たちを集めることを優先すべきだ。

そこで考えたのが、「学生セミナーに吉本新喜劇の本物を呼んでくる」というものだった。

これには理事長も驚いていたが、それには二つの目的があった。

一つは、もちろん学生たちを集めること。吉本新喜劇と介護・福祉業界は何の関係もないが、吉本新喜劇目当てで来た学生たちの中にセミナーを通して「もしかしたら向いているかも」「介護業界って予想していた世界とは違うようだ」と業界に興味をもつ者が出てきてくれる可能性がある。

もう一つは本業の介護への営業効果だ。老人ホームは常に入居者を募集している。老人ホームを探している人たちも集められれば一挙両得である。

ちなみに、他の会社の提案は「就職ナビのスペースをさらに大きくしましょう」「広告費にもっと投資を」といったものばかりだったという。

　このように私たちはお客様の問題を解決するためにはとことん頭をひねり、最善を尽くす。

お客様に誠実であるとはこういうことを意味している。

そして、やはり正直にやっていくというのが商売の一番の基本だと私は考える。

こういう方針だと東京の一等地にビルが何棟も建つような「お金持ちの会社」にはなれないかもしれない。しかし、社会から尊敬されるような会社にはなれる。

私は、社会から尊敬されるような会社を目指す。それは起業した時からいままで揺らいだことがない。

学情は、正直に社会やお客様の役に立つことを最優先するという原則に従いつつ、新しいものを生み出し続けるという努力を積み重ね、着実に就職情報業界の中で成長し、存在感を高めていった。

3章

金融危機の大不況下、株式上場を決意する

社員一丸となれる「本丸」、自社ビルを建てる

当社は「他社がやっていない新しいこと」をひたむきに開拓し、着実に事業を拡大していた。1990年代半ばまで会社の規模は社員が50人程度。年間売り上げも十数億で、売り上げの7割弱は就職情報関連事業、3割強が広告関連事業で、就職情報会社なのか広告会社なのか人によって受ける印象は異なっていたようだ。現在は常務取締役の片山展人君は1986（昭和61）年に入社したが、広告会社のつもりで当時の実鷹企画に入ったという。ところが勤務初日に「就職情報誌の企業広告の営業をせい！」と言われて初めて就職情報事業があることを知って、びっくりしたそうだ。

また、1993（平成5）年に入社した現・執行役員の瀬戸本浩司君は、「会社説明会が個性的だったのが強烈に印象に残っている」という。本人の私はあまり覚えていないのだが、私と茶野、北野の創業者3人がそれぞれてんでばらばらな夢を語っていたらしい。その年は私が「衛星放送事業も検討している」と話したようで、瀬戸本君は「会社の規模と語っていることのギャップが面白いな」と思って入社を決めたと

聞いた。

創業20年を迎えようとしていたが、まだまだ我々創業者も若く、夢は大きく、しかし業績を一歩一歩伸ばしていっていた。

ただし、日本経済全体の状況はそうではなかった。

1991～93年にはバブルが崩壊し、それまで続いたお祭り騒ぎのような好景気は終わりを告げる。ただしいきなり景気ががくんと落ち込んで不況に突入したわけではなく、当初はじわじわと景気が悪くなっていった。

江戸堀の旧本社ビル

そんな中、私は、本社ビルの建設を決めた。ちょうど大阪市営地下鉄四つ橋線肥後橋駅に近い大阪市西区江戸堀に手ごろな土地が出ていた。
経済の先行きが不安定な時期こそ、社員が一丸となって頑張れるピンチをチャンスに変える「旗印」が欲しかった。創業20年がたち、売上規模や社員数からいっても自分たちの本拠「本丸」が必要だと感じたのだ。93年の終わりに「江戸堀に本社ビルを建設する」と発表したときの社員たちの反応は、「何を言っているの？」という感じだったのを覚えている。だが、言った通りに94年4月、念願の自社ビルを竣工させた。

このように、就職情報事業に乗りだすと宣言したときから、思えば私は社員たちを驚かすような決断を次々としてきた。

これまで私が行ってきた経営判断、その時々の決断をあとで振り返ると、私の判断が常に正しかったというわけではないが、大きな局面を乗り越える決断は正しかった。その時には社員や周囲から驚きをもって迎えられた決断が後からみると正しかったことが多い。

経営、そしてビジネスは「民主主義」では成功しないと実感する。

経営やビジネスの舵取りはみんなで仲良く話し合った内容を人数分で割ったような方針では絶対にうまくいかない。強力なリーダーシップのもとで決めていかなくてはならない。

もちろん、リーダーはさまざまな意見や社会情勢を把握して判断を下すのだが、最終的には社長が自らの責任の下、決断していくしかない。

私たちにとって最初の自社ビルは、江戸堀に5階建でお目見えした。非常に立地が良く、その後の学情の発展を支える拠点となった。

当時、バブル崩壊からの早い回復を誰もが望んでいた。バブル時期の浮かれた雰囲気はまだまだ社会には残っており、多くの人が楽観的に考えていたと思う。まさかその後、日本経済が「失われた10年」「失われた20年」と呼ばれる低迷の長いトンネルに入っていくとはだれも思っていなかった。

ピンチはチャンスやの発想スタート

日本の景気はバブル崩壊後、ずるずると後退を続け、1996（平成8）年には「就職氷河期」がやってきた。多くの企業が業績不振から大学生の新卒採用を大幅に減らしたり、採用自体をやめたりした。

就職情報業界にとっては大変な逆風だった。

さらに1997（平成9）年にはアジア通貨危機が起こり、日本にも影響が及ぶ。

タイミング悪く同時期に消費税率が5％に引き上げになったことも影響し、日本では消費が大低迷し、不況が加速した。四大証券会社の一つだった山一証券など大手金融機関が倒産するといったことも起こり、後に「平成不況」と呼ばれる不景気な時代に突入していく。

97年度の経済成長率はマイナス0・7％、98年度はマイナス1・9％と2年連続マイナス成長を記録した。これは石油ショック後の1974（昭和49）年度以来のマイナス成長である。

石油ショックの時は、多くの企業で大量解雇が行われた。その非常（非情）手段は、かつて私が広告会社を飛び出し、起業するきっかけともなったわけだが、今回の不況で、私たちの会社はどうなるのか？

新規有効求人倍率は1993年から2005年にかけて1倍を下回り、98年には0・9倍まで下がった。

この大きなしわ寄せを受けたのが大学新卒者たちである。当社でも98年前後は、企業が新卒採用を大幅に控えていて、商品が全く売れない中、それでも頑張ってなんとか利益を出していた時期だ。

どのようにしてこの逆境を乗り越えていくか？　この逆境をいかにすればチャンスに変えられるか？

実は私は逆境になると闘志が湧いてくるタイプである。

なんとしてでもこの逆風の中、会社を成長させていこう。チャンスに変えよう。そのためには今まで以上に全社が一丸となって頑張っていく必要がある。

そこで私は決意した。この会社を数年の間に株式上場させる！

なぜ、上場か？　全社員が結束して困難に立ち向かうためには、強力な「旗印」が必要だと感じたからだ。そして一番わかりやすく有効な旗印は、株式を上場するという目的をもつことだという結論に至った。そして上場すれば、会社に大きな信用力がつく。これは今後のビジネスに大きな助けとなる。

98年の幹部会議の席上で「数年の間に株式を上場することを目指す」と宣言した。まずはジャスダック市場へ、そして東証第二部、第一部へ――。

私の言葉に驚かされることには慣れている幹部社員も、「え？」と言ったきり言葉を呑んだ。

次に京都の石清水《いわしみず》八幡宮において全社員に向かって宣言した。当社は毎年秋に石清水八幡宮にある研修センターで全社員研修を行っていたのだが、その冒頭の社長のあいさつで「うちの会社は02年の株式上場を目指す」と決意表明した。

反応は予想通り、全社員ともぽかん。唖然としていた。

あとから当時のことを聞くと、現在は常務の片山君も最初は「社長は何を言っているんだ？ そんなこと実現できるはずないやないか」と思ったという。ところが、私の話を聞いていくうちに「少なくとも社長はかなり本気や」と感じだした。最終的には「これまでも社長の掲げた目標は毎回無理そうに見えても確かに実現している。今回ももしかすると実現するかもしれない」という気持ちにさせられたそうだ。

しかし、これは中堅以上の社員たちの理解で、もっと若い世代の社員たちはほとんど本気にしていなかったのではないだろうか。

当時社員は100名前後、年間売り上げは十数億円だったから、会社の規模としては上場というのは確かに常識的にみればあまり現実味のある話ではなかったのである。

しかし、もちろん私は本気だった。

石清水八幡宮での宣言の後、上場準備に向かってすぐに動き出した。

ガバナンスを強化、社名を「学情」に

まずメインバンクに相談し、証券会社を紹介してもらった。

大和証券に主幹事会社になっていただき、上場に関する支援業務をお願いした。「どうしたら上場できるのか」をまさに一から教えてもらいながら、一つひとつ実行していったのだ。

上場するには日本証券業協会の審査をパスしなくてはならない。その条件としてはまずガバナンスの問題がある。企業としての統治機能がしっかりしていることが求められる。

まず、経営者の公私のけじめ。中堅、中小の上場していない企業の場合、どんぶり勘定、経営者と会社の財布が一緒だったりするケースが多い。会社の経費で経営者の家を建てるといったことが、特にオーナー社長の場合は目立つという。しかし、私はもともと厳格に公私を分けてきたため、公私混同をなくすという点ではあまり苦労することはなかった。

それから、管理部門をきっちり作る。透明性を高めるといった点については監査法人のトーマツさんに入ってもらい定期的に監査を受け、指導を受けた。結果として組織としてはより強いものに変わっていった。

上場準備のために外から人が入ってくるようになると、社内も「本当に社長は本気で上場に向けて準備をしている」と感じ始めるようになってきた。

ジャスダックのガバナンスの基準はかなり厳しく、かつ細かかった。

就職情報業界から初めての上場案件だったということもあったようだ。

たとえば、役員会への役員の出席率の条件が厳しかった。私をはじめ常勤役員は全員100％役員会に出席していたが、非常勤の監査役1名の出席率が80％台だったことにチェックが入った。このあたりの基準は証券会社もよく知らなかったのか、新たに「上場準備に入る会社は全役員が役員会に100％の出席であること」と上場対策のメモに付け足していたくらいだ。

このように上場に向けて一歩一歩準備を進める中、2000年4月に私たちは社名（商号）を「株式会社学情」に変更した。今、みなさんに親しまれている名称である。

それまでは「実鷹企画」内に置かれた「学生就職情報センター」が就職情報部門として存在した。創業以来「実鷹企画」という社名は取引先からも親しまれ、私たちにとっても愛着があったが、今後はいよいよ就職情報事業が会社の中心になっていく。学生就職情報センターの「学」と「情」をとって「学情」である。これからの会社のあり方をはっきり示すうえでも上場を機に社名を変える必要があった。

社名を新たに「学情」にして、会社も新たなフェーズへと入っていったのだ。

上場の最重要条件「成長性」を是が非でも達成

上場条件で最も重要なポイントは成長性だ。その企業が着実に成長しているということだ。

このため2年、3年と連続で売上高が増加しているというデータが求められる。

これは何が何でも達成しなくてはならない。

営業の社員たちの目の色が変わってきた。上場に向けての売上目標が立てられ、ベテラン社員たちが本気で動き出す。当初は半信半疑だった社員や「上場なんてできっこない」と思っていた社員たちも「会社は本気で上場を目指している」と感じ始めた。正念場に「こんなことでは上場できないぞ！」と私も檄《げき》を飛ばした。

上場を目指して現場も次第に熱を帯びてきた。上場達成のためにシビアな目標を立てたが、それをみんなで確実にクリアしていく。

当初は「そんなことは不可能だ」と思っていた社員たちが「やればできるかもしれない」となり、「絶対に上場を実現させよう」という強い意志を持って頑張るようになっていった。

２０００（平成12）年に入ると、落ち込んでいた景気が回復傾向になり、99年、00年と決算は順調に成長を刻んだ。01年もそのまま回復基調の流れで達成できそうだと、みなが思っていたところ、大事件が起こった。

９月11日、アメリカで同時多発テロが発生したのである。ハイジャックされた民間旅客機がワールドトレードセンターに激突した映像は世界に衝撃を与えた。世界経済は混乱し、日本の景気も一気に冷え込んだ。いきなり不景気になり、営業成績が上げられなくなってしまった。

同じころ上場準備をしていた企業の９割以上が延期か中止を余儀なくされた。

そんな突然の逆風に、それでもなんとか上場を実現したいと社員も経営陣も必死になった。

02年の上場は無理かもしれないと絶望的な気持ちになることもあったが、とにかく私も社員たちも必死でひたすら営業に走った。その苦闘の結果なんとか、3期連続の成長実績となる見込みが立って、上場の調整報告会に向かう途中、同行する社員が泣いていたのを覚えている。

ジャスダック上場の記念撮影

こうして全社員が一丸となって頑張った結果、02年5月に学情はジャスダックに上場した。就職情報業界初の上場である。98年に私が上場を決意してから足掛け4年が経っていた。

よくやったなあ。社員たちとのこれまでの努力を顧みて感慨に浸った。

多くの社員がジャスダック上場の際、「会

社が新しい時代を迎えた」「会社が新しいフェーズに入った」と実感したという。

この上場を経験した社員たちは以来、私が言うのも口はばったいが、「社長がやるといったら、本当にやるつもりだし、不可能なようでも実現する」と考えるようになったようだ。

バブル崩壊後に土地を購入し、梅田に新本社ビル

ジャスダック上場を実現した3か月後の2002（平成14）年8月には大阪市北区梅田に新本社ビルも竣工した。

現在の大阪本社ビルとなっている「学情梅田コンパス」だ。大阪駅からも歩いて7分と近く、ホテル「ザ・リッツ・カールトン大阪」に隣接する。場所も便利だが地番がいい。北区梅田2丁目5－10。梅田といえばやはり大阪の表玄関だ。そのことも気にいった理由の一つだった。

本社ビルは企業としての信用力を高める道具だと私は思っている。展開している全国各都市にビルを持つ気はあまりないが、本拠の大阪にだけは自社ビルがあるべきだ

と思ってきた。

このビルは最上階の10階がホールになっている。

実は最上階には「幻の社長室」がある。設計段階では、社長室と管理部門が10階になっていた。一般に社長室は一番高いところにあるようだ。しかし私は「最上階はお客さんに使ってもらいなさい」と指示して設計図を描き直してもらったのだ。

このビルは顧客である多くの企業に建てていただいたので、最上階はお客さんが使える場にすべきだと考えホールにした。120人くらい入るホールで、クライアントは無料で使用でき、会社説明会などに使っていただいている。一方、社長室や管理部門があるのは3階。実際、出入りも楽でいい。

学情梅田コンパスを竣工する時は「不況の時に」と驚かれた。だが、むしろ不況の時だからこそできた。バブルがはじけて不動産の

学情梅田コンパス（大阪本社ビル）

値段は一気に下落した。それでも誰も土地を買わないため、さらに大幅に安くなった。このためバブル期には100億円もした物件が、不況期には数億円程度になっていたというケースをいくつも見た。このように不動産価格が大幅に下落していたので梅田の本社ビルの土地も購入することができた。

メインバンクの支店長が「不動産や株は高い時に皆買い、下がると買わない。しかし安くなった時に買う人が賢い」とよく話していたが、私もその通りだと思う。

不動産にしても、仕入れ商品にしても高いものを買ってはいけない。安い時に買う。もちろんそのタイミングが難しいわけだが、十分に安くなったという時を見計らって買う。

だから不況の時期は、投資をする上では企業にとっては絶好のチャンスでもある。好物件にいち早く目をつけ、手を打てたのも、いざというときに備えて当社に内部留保の現金がたっぷりあったからだ。内部留保が多いのはケチだからではない。いざという時には思い切って使える資金を持っているということなのだ。

東証一部上場から受けた計り知れない恩恵

２００２（平成14）年に就職情報業界初のジャスダック上場を成し遂げたが、景気の波に時に苦労しながらも、さらに実績を重ね、３年後の05年には東証二部に上場し、翌06年についに東証一部上場を実現させた。わずか１年で二部から一部に上がったのは当時の最速記録であった。

東証上場へのハードルは当初、予想していた以上に厳しかった。エベレストに登るくらいに険しかった。

審査を受けながら「もうあかんのとちゃうかな」と私も弱気になる時もあった。そんな困難を乗り越えて上場を達成して得た恩恵の一つは、上場を目指して会社を一つにまとめることができたことだ。ビジネスは会社によるチーム戦だ。人の心、気持ちをひとつにまとめて立ち向かっていくことが非常に大事であり、そのためには大きな目標がいる。それが上場だった。

上場という目標に向かって社員が一丸となって頑張り、当初は不可能だと思われていたことを社員自らの力で実現させていった。同時にガバナンスも整い、組織全体が強化された。

上場へ必死に取り組む中で、会社も社員も大きく変わり、強くなったのである。なにより社員の意識が大きく変わった。変化していくことを恐れず、不可能と思えるような高い目標に本気でぶつかり実現していくようになった。

そして気が付けば、97年の金融危機から始まった景気後退を乗り越えることができた。私にとって上場することの一番の目的はそこにあった。まさにピンチをチャンスに、である。

そして上場したことの恩恵はなんといっても「信用力」だ。

一般に上場の目的は「資金調達」とされるが、学情にとっては外部の資金を得ることはさほどメリットではない。何度も申し上げたように学情はいざというときのために内部留保を十分に取っているから、外部の助けはあまり必要としてこなかったのである。

しかし「信用力」は違った。それまでは大阪の小さな会社としか認知されず、営業で企業を回る時も、新たなビジネスの提案をする時も、本題に入る前に「うちはこんな会社で、こういう会社と取引をして、こんな仕事をしています」と、資料をしっかり揃えて丁寧に説明しなくてはならなかった。

創業以来、私たちの会社の一番の弱点は知名度であり、信用力であった。実力やアイデアでは大手に負けないという自負があったが、やはり有名な大手企業でなければなかなか、お客様に信用してもらえず、ビジネスが発展していかない。あるいは一つの案件を動かすのにも非常に時間がかかってきた。

事業を行っていく上では「信用力」が大事だということは身に染みて感じてきたことだったのである。少しでも信用力の高い有名な企業と取り引きをすることによって、信用度を高めようともした。本社ビルを建てたのにも信用力、知名度を高めたいという狙いがあった。

それまではこうしたさまざまな努力を積み重ねながら、少しずつ信用力を高めてきたが、し

東証一部上場の鐘を鳴らす

かし東証一部上場となると、こうした状況がドラスティックに変わった。以前は必要だった会社についてのこまかい説明が大幅に減った。以前は「仁義を切る」のに長い時間が費やされたのが、「一部上場企業なら間違いないですね」と言われ、本題に入っていける。これはありがたかった。

ビジネスを展開する上でのスピードが全く違うのだ。アイディアが形になる時間も早くなっていった。

社員たちの個人的生活にもよい影響があった。まず、親御さんたちが「うちの子は一部上場企業で働いているんだ」と安心し、誇らしく思ってくださる。

また、結婚が決まった男性社員がよく報告に来るのだが、相手の女性の親御さんに挨拶にいくと「一部上場企業の社員の方が娘の結婚相手と知って安心した」と言われるという。もちろんどんなところに勤めているかというのは表面的な問題ではあるのだが、それでも相手の両親に安心してもらえるのは嬉しく、誇らしいことだ。さらに部屋を借りたり、家を買うにあたってローンを組んだりする時でも即決するようになったらしい。

上場の恩恵は思わぬ形で広がっていて、私もあらためてやり遂げてよかったと思っている。東証一部上場を果たして、私も社員も一皮剝けた。まさに「艱難汝《かんなんなんじ》を玉にする」である。

稲盛会長からの衝撃の一言

じつは、2002（平成14）年に念願のジャスダック上場を果たした直後、私は京セラの稲盛和夫名誉会長から、とんでもない言葉をちょうだいしていた。当時、私は稲盛会長が主宰されている盛和塾に参加していた。セミナーの後だっただろうか、会長のいる部屋に呼ばれた時のことである。

上場を祝福するような言葉をいただけるのかなと思っていたが、そうではなかった。私がジャスダック上場を報告すると、稲盛会長はおもむろに、こう言われたのだ。

「世の中で成功者といわれる人たちはね、必ず将来没落する」

「私の知っている社長も全員没落している」

株式上場がついに実現して、達成感を噛み締め、幸福感を味わっていた時期だったので、稲盛会長の言葉は衝撃的だった。

お言葉通りなら、上場に成功した私もいずれ没落するということである。しかし没落などしたくはない。

強いショックを受けながら、「なぜ没落するんですか」と、伺った。

すると、稲盛会長は、おおよそこのようなことを話された。〈成功者の周りには聞こえのいい話をする人たちが群がってくる。褒めそやし、よいことしか言わない。その言葉の麻薬に誰もが次第にしびれ、毒におかされていく。やがて天狗になって、判断が甘くなったり、狂わせたりする。〉

「そこから会社はおかしくなっていく」と、稲盛会長は静かに言われた。

では、いずれは私もアウトなのか？　そう思うと震えた。

しかし、この話をしている稲盛会長は没落していない。稲盛会長ただ一人が没落を免れたということだろうか？

「没落しないようにするにはどうしたらよいのでしょうか？」と畳みかけてお聞きすると、

「とにかく感謝の気持ちを忘れず、腰を低くしなさい。そして一生懸命勤勉に働きなさい。贅沢な生活をしてはいけないよ」

こんな答えが返ってきた。稲盛会長の十八番の言葉である。

「成功者といわれる人が全員没落した」という言葉が本当か否か真偽はわからない。

ただ、一理ある言葉ではあった。というのも私の社長仲間も10人ほど上場に成功しているが、半分くらいの会社は倒産か業績不振で退任されているのである。全員が没落しないとしても、かなり高い確率で沈んだ。

稲盛さんの言葉には心をえぐられた。ドキッとした。

今、考えると素晴らしい金言だ。

もともと贅沢にはあまり関心がなかった

「私は絶対没落したくない」と、稲盛さんのお言葉を聞いて本気で思ったおかげで、私は慎重に生きてきた。
・仕事をないがしろにしてはならない。
・人に対しては、感謝の気持ちを忘れず常に腰を低くしていなくてはいけない。
・毎日、勤勉に仕事をする。

・贅沢な生活をしてはならない。

この稲盛さんの教えを真面目に守ってきている私だ。実は「贅沢な生活をしてはならない」という点については、昔から意識せずともやっていた。もともとあまり贅沢なことに興味がないからかもしれない。まず、酒は体質的にもまったく弱いし、大阪の北新地や銀座で飲み歩くというようなことはやったことがない。

さらに、社用車をもっていないのは一部上場企業の社長の中でおそらく私ぐらいだろう。もともと社用車が嫌いだ。人に運転させて後ろの席にふんぞり返っているのが嫌なのだ。ついでにいうと役員車も学情にはない。

今から10年ほど前、帝国ホテルで一部上場企業が集うパーティーがあった。もちろん上場企業の社長は社長専用車で来る。しかし私は有楽町の駅から歩いていった。帝国ホテルの受付の方に歩いてきたと言ったら驚かれた。社用車はないが、私は自分で買った車は持っていて自分で運転する。そのほうが楽しい。

また私の妻も贅沢なことは好まない。

そのため、一部上場後も生活はそれほど大きくは変わらなかった。

上場後には個人の資産として数億のお金が入ってきたので、「芦屋の豪邸でも買おうか」と妻に相談したのだが、泣いて反対された。知り合いのいないところに引っ越すのが嫌だという。それに、芦屋では隣近所の人たちと付き合う場合でも普段着で出られないだろう。そういう環境で生活していくのにすごく疲れると妻は言った。

結局、それまで住んでいた家の近くに土地を買って家を建てて暮らしている。豪邸ではない。サラリーマンの方に比べるとちょっと広く、ちょっと豪華な家かもしれないが、以前からお付き合いのあったご近所の方たちとも今も親しくさせてもらっている。娘一家が旧宅のあったところに新たに家を建てて住んでいるので、娘や孫にすぐ会える。彼女が重視したのは以前からのご近所との関係を続け、娘や孫と会える、ごく普通の生活だ。

以前より少しだけ豪華になったところもあるかもしれないが、基本的にはほとんど昔と変わらぬ生活を今も送り、幸せに暮らしている。

悪い時は2年、よい時も2年。ピンチはやがてチャンスに変わる

上場前後の話をすると、多くの人に「よく金融危機の大不況のさなかに上場を目指

そうとしましたね」「バブルがはじけた後に本社ビルを建てるとは」と驚かれる。

これまでは黙っていたことだが、若手経営者にぜひとも伝えておきたいことがある。それは不況に直面した時、好況の時、それぞれに経営者がどう考え、どう行動すべきかということだ。

40年以上会社経営をしてきて、思えば何度も不況に直面した。

不況に遭うと、それがどれほど長く続くのかが分からないため、経営者誰しも大きな不安を感じるものだ。気持ちが追い詰められてしまう人もいるだろう。たいていの場合は不況の嵐が通り過ぎるのをひたすらじっとして待つ人が多いのではないだろうか。

しかし、私は不況も好況もほぼ2年の周期で変わっていくと考え、全体で4年を一つの周期ととらえて経営のヒントとしてきた。経済学的にいえば景気循環の波の目安といったらよいだろうか。

不況に際しても「続くのは2年間」と思ってきた。それが大きな支えとなってきた。人間、いつまで続くか分からない苦境に立ち向かうのはものすごく苦しい。しかし

「この不況は続いても2年、その後は上向く」という先の目途が立っていると、頑張れる。

この読みは逆に景気が良いときの対処法ともなった。

今は良いけれど、2年くらいしたら景気は下降する。だからいつまでも浮かれていてはアカン。景気が悪くなるときのために、よい時から備えをしなくてはいけないと明確に考えておけば、悪くなったときの対処ができる。好況の後にガクッと景気が悪くなったときも、あまり大きな影響を受けないですんだ。

悪いときは2年、良いときも2年。

じつにシンプルだ。だが、この景気の波の原則に合わせ、私は経営をしてきた。

株式上場の時も、この景気の波を目安として動いたのである。

先にも書いたが、ジャスダック上場を決意した1998（平成10）年、日本経済は金融危機の影響でどん底にあった。このどん底も2年間続けば必ず上向く。だからそれまでに上場の準備に入るべきだと感じたのだ。そして景気が上昇する01年か02年には上場を実現すべきだと計算した。

実際に2000年から景気は好転した。そこで業績を伸ばしながら02年に上場を実現させたのである。アメリカ同時多発テロのような突発的な出来事に苦しみもしたが、基本的には不況・好況の大きな循環の波に乗っていけた。

次の東証二部上場の時は02年から景気が下降線をたどり、04年を底にして05年から景気が上がっていく波に乗った。景気の悪い時期に準備をし、上向いた05年に二部上場を果たした。翌年の一部上場はその余勢を駆って一気に突き進んだ。

「なぜ不況の今、上場を決意したのか？」と当時多くの人に驚かれたが、むしろピンチの時だったから上場を決意したのである。景気の波を計算しながらそのタイミングに合わせて準備をしていたからこそ上場できた。ピンチをチャンスに変える発想があったから上場できたのだ。

実は上場を目指す多くの経営者がこの逆のことをして失敗している。

つまり、景気のいい時に株の上場を目指し準備を始める。たとえば、景気がぐんとよくなった2000年から準備を始める。しかし景気は2002年をピークにして急激に落ちる。いよいよ上場をと思ったときには株価は下がり、景気も冷え込んでしまう。こういう状況になると上場は難しい。

ちなみに「学情梅田コンパス」ビルの土地を買ったのも不景気のサイクルに入っていた時だ。

つまり、準備は景気の悪い時期にこそやるべきなのだ。

これは株式上場だけでなく、さまざまな事業にもいえる。


景気の悪いときに準備をする。2年すると景気は上昇曲線を描きだす。その上昇曲線に乗って新規の事業を始めればきっとうまくいく。

実は景気の悪いときにどうするかが経営者にとっては大切なのだ。

景気が悪いときにただじっと耐え忍ぶのではなく、次へ向けてすでに動かなくてはいけない。

もちろん悪いときに動くのはなかなか勇気もいる。みんなじっとしていることを選びたくなる。しかし、悪いときに次への手を考えて準備を始めず、ただじっとしているると企業は次第に活力を失い、勢いを削がれる。「失われた10年」とか「失われた20年」とかは結局そういうことだったのではないか。

大学就職部長の相談から第二新卒向け「Re就活」を立ち上げ

当社がジャスダックに上場したのと同じ2002（平成14）年のある日のことだ。早稲田大学の就職部長から、「中井さん、相談したいことがあるのだが来てくれないか」という電話をいただいた。すぐに会いに行くと神田で寿司を振る舞われた。大学の就職部長にご馳走してもらうのは初めての体験で、いったい何を頼まれるのかなと思っていると、「卒業生が就職したものの会社が合わずすぐに辞めてしまうケースが最近多い。その多くがうまく転職できないでいるのを何とかしてほしい」という。

バブル崩壊後の不景気、そして金融危機による不況が続き、90年代半ばから企業の大学生の新卒採用が大幅に控えられる時期が続いていた。

特に00年から01年にかけては「超就職氷河期」とも言われるほどで、新卒で就職できなかった学生も少なくなかった。当時の企業は新卒採用を重視していたため、正社員になる道が閉ざされて、非正規で働き続ける人もこのころから出現していた。

また、採用数が少なかったため、希望の職種や業界でなくても、ともかく採用してもらえる会社に入社した学生も多かったが、結局は会社とのミスマッチで、短期間の間に転職する「第二新卒」と呼ばれる人たちも出てきていた。

「こうした若者たちのことが気になるけれど、私たちは大学ＯＢの就職の世話はできないんです」

途方に暮れた若者たちが母校の就職部に相談に来る。彼らに大いに同情しても、しかし大学の就職部としては何もできない状況に、就職部長は心を痛めていたのである。ついては、「第二新卒を対象にした就職情報サイトを作ってほしい」という依頼だった。大学の各就職部は困りはてている様子だった。

私はなぜ当社に依頼をしてきたのかが知りたかった。就職情報業界には学情よりも大きな大手企業がいくつかある。大手各社には相談したかと聞くと、

「非常に失礼な話だけど、先に相談しました。しかし全て断られました」

いずれの社も答えは、「第二新卒では事業になりません」だった。

当時は企業に入社して3年以内に辞めてしまうような人はいらないという風潮があった。企業は非常に冷淡だった。就職情報会社大手はこうした状況から「利が薄い」と考え断ったのだろう。

「うちがやりますわ」と、その席で私は即決した。
「社会の役に立つ」「困っているお客様に寄り添う」。それが学情の、そして私の方針だ。たとえ利益が少なくともやる（もちろん多いに越したことはない）。

若いときに仕事が合わなくて辞めるということは決して悪いことではないという考えもあった。若い時は失敗もする。しかも不況時には仕事のミスマッチが生じやすい。本来関心がなかった仕事に就いたがために辞める若者がいても不思議はない。私も高卒で入った会社をわずかの間に辞めている。第二新卒を応援したいという思いがあった。

それだけではない。私はその時に「若者の人口が今後減少していく中で、いずれは新卒だけでは労働需要を賄いきれない時代がくるはずだ」ということも頭をよぎっていた。私達の年代は年間２７０万人の赤ん坊が生まれていた。しかし今の出生数は年間１２０万程度。そして最近の０歳児の出生数は94万６０００人（２０１７年）だ。どんどんどんどん減っている。いずれは新卒採用だけなどとは言っていられなくなるのではないか？　こうしたビジネスとしての可能性も正直感じていた。

こうして25歳までの若手人材の転職・就職活動支援事業「Re就活《りしゅうかつ》」を04年11月か

ら開始した。Re就活のReは英語で「再び」という意味の接頭語だが、リベンジ、リトライ、リアル、リターンのReである。あの就職部長の依頼を受けてから2年後だ。

しかし、「Re就活」は最初の3年は赤字だった。非常に苦労した。

第二新卒の若者の採用に対して、当時の企業は予想を超えて否定的だったためだ。企業の人事・採用部門は保守的で依然として新卒採用に偏重していた。就職情報会社のビジネスも専門的スキルやキャリアを持った30代以上の転職市場が中心となっていた。

企業の間で圧倒的だった「就職してすぐに辞めるような連中はいらない」という意識を変えることがまず必要だった。学情の営業は負けずに頑張った。やがてその苦労から芽が出ることを信じて……。

そして、確実に需要はあったのである。大学新卒就職者が3年のうちに3割辞めてしまう時代がかれこれ30年続いている。しかも最初の1年の離職率がいちばん高い。ここにきて多くの中堅・中小企業が人手不足に悩んでいる。「20代の若者が欲しい」。こんな切実な声がしだいに高まってきた。まさに時節到来だ。いまや「Re就活」サイトは、会員数100万人以上にまで発展した。転職支援マーケットは求人情報サービスに限っても8000億円は下らないといわれるほどだ。しかも20代の若手人材の専門転職サイトでは当社の「Re就活」がナンバー1として他社の追随を許さない存在にまで育った。ここはまだまだ成長すると期待している。

やり遂げる力の大切さ

私が経営者としてずっとこだわり続けてきたのは「やり遂げる」ことだ。

広告会社を起業して、就職情報業界に新規参入し、「就職博」で業界に衝撃を与え、株式の上場を目指して業界初の株式上場を果たし、頂点の東証一部上場を実現した。その時々に周囲からは「不可能だ」と言われながら、しかし、やり遂げてきた。最後までやり遂げる。決して投げださない。それをものすごく大事にしてきた。

社員も私の決断に驚かされることは多いが、上場などの体験を通じ、ベテランたちは「社長の言葉は突拍子もなく聞こえても、本気で実現を考えている」ことを知っている。そして私が本気で考えているなら「実現に向けて本気で最後までやらないと」ということもよく知っている。途中で投げ出したら、私がものすごく怒ることもわかっているのだ。

上場する前にお世話になっていた税理士さんに「学情さんは、今期売上高40億、経常利益7億と宣言したら必ずやりますね」と言われたことがある。その税理士さんは200社以上の中堅、中小企業を見てきたが、大半の会社は一応の目標を立てても、それはお題目であって達成したことがないのだそうだ。社長も目標を達成できるとは思っていないし、社員もはなから無理だと思っているのが普通だという。「しかし学情さんの場合は絶対にやる。そこがまったく違いますね」と税理士さんは言うのである。

思えば、目標は絶対に実現させる、やり遂げる。そのことへの強いこだわりを持っているか、実際にやりとげる力があるか。それが上場会社とそうでない会社との大きな違いかもしれない。

そして、上場したら、いよいよ事業目標を達成することにこだわらざるを得なくなる。上場会社は世間に対して、今期目標、来期目標と、約束していくことになる。その約束を守るかどうかが株価への評価につながる。そんな厳しい世界だからだ。

学情は「達成力」や「やり遂げる力」をさらに高めていかないといけない。

4章

やり遂げる力は大学時代の住み込み新聞配達で養った

6人きょうだいの長男に生まれて

どんなことがあってもやり遂げる。あきらめずにやり抜く。その信念を私は新聞販売店に住み込みで働きながら近畿大学に通った大学時代に養ったと思う。それを語る前に、まず私の生い立ちから始めたい。

この私は1948（昭和23）年に大阪市に生まれ、その後4歳で兵庫県尼崎市へ転居した。

6人きょうだいの長男。父は、戦前、大阪の材木商で番頭まで勤め上げたが、戦争がはじまると兵隊に取られ、戦後は住友金属工業という会社に働いた。

子だくさんの家庭で生活は決して裕福ではなかったため、長男の私は中学生の頃から高校を卒業したら社会に出て働くということを親からいわれていた。父は奈良県吉野郡天川《てんかわ》村の出身だ。檜や杉の原木の生産地に育ち、高等小学校をでるとすぐに大阪の材木商に丁稚奉公に出ている。だから、学歴については高等学校を卒業すれば十分だという考え方があった。

実をいうと私は勉強がかなりできる子どもだった。中学の成績は常にクラスで1、2番。高校進学では尼崎一の進学校に合格するだけの成績はとっていたが、高校卒業後働くなら、手に職をつけるべきだと、尼崎市立尼崎産業高校に進学した。

進路を決める際に中学の先生が「この成績なら大学進学を目指して普通高校を受験すべきだ」とわざわざ家庭訪問して親を説得しにきたことがある。隣の部屋で耳を澄まして聞いていたが、父は「どうしてもそれは無理だ」と首を縦に振らなかった。当時の大学進学率はまだ20%ほど。大学に進学するより早く社会に出て働くことを選ぶ若者のほうが圧倒的に多かったのである。

手に職をつけるために入った産業高校で生徒会長に

尼崎産業高校は住友グループが作った旧制の住友工業学校、住友工業高校が前身。卒業生には阪神タイガースの村山実さんらがおられた。新制の産業高校は電気科、商業科、そして私が入った機械科に分かれていた。

勉強は自分で言うのもなんだが、抜群にできる存在だった。

そして2年生の時、3年生をさしおいて生徒会の会長に選ばれた。全校生徒2100人くらいだったが、私は1500票得票してダントツで当選した。授業中に先生が「中井、当選したよ」と教えてくれた。各学科から1人、計3人立候補。各科の学生数は商業科が全体の半分、機械科が3割、電気科が2割。固定票でいうと通常は商業科が有利なのだが、商業科は女子学生が多く彼女たちの票が私に流れ、圧倒的勝利を呼んだ。

クラブ活動は柔道部に入って熱心に練習して1年半で黒帯をとって有段者になり、生徒会長に選ばれ、ともかく忙しい高校生活だった。楽しく、面白いことも多かったが。

ただ、高校を卒業したら就職をしなくてはならないのは不本意だった。中学時代に私より勉強ができなかった連中が、国立の神戸大学や大阪大学に合格したと聞くと、余計に複雑な気持ちになった。

高卒と大卒の待遇の差が耐えられず、半年で退職

私は受験せず住友系の化学会社に就職した。

当時の会社名は製鉄化学工業（現・住友精化）。フルオートメーションの工場で化学製品を作っていた。私の仕事はいわゆるオペレーターで、計器盤を見張っていて異常があれば現場にいくといった作業をしていた。将来的には工員さんたちを管理するような課長程度までは昇進できるという。すでに入社時からキャリアの先が見えていた。

働き始めてすぐに身に染みたのは高卒と大卒の待遇の差だ。高卒はオペレーターで大卒の彼らはホワイトカラー職という職種の違いもあったが、高卒と大卒では工場に設置された浴場も食堂も別だった。それが若い私はとても嫌だった。同じ新卒でも大卒と高卒でこんなに待遇が違うのか……。なんとも受け入れがたいものがあった。

結局、半年で退職を決意した。

こんな感じでこの後の人生が決まってしまうのは嫌だったのだ。

学歴の違いにより、それこそ仕事の最初からハンデを負って過ごさなくてはいけないのが辛抱できなかった。どう言ったらいいだろうか。学校時代、ずっと勉強はできたので、それだけに、悔しさも強かったのである。

新聞販売店に住み込み、近畿大学に通う

高卒と大卒でそれだけの待遇の差があるのなら、自分で大学に進学しよう。そう決意した。

秋に退職してから大学受験まで約3か月。大学の受験対策も知らないし、受験勉強のやり方もよくわからない。とにかく3か月くらいひたすら独学自習した。「なんとかなるやろ」と思って勉強した。

学部は将来、役立つものをということで経済学部か法学部を希望した。公立だと大阪市立大学（旧・大阪商科大学）が非常に有名な大学で、あと私大の関西大学法学部と近畿大学法学部と計3校を受けた。関西大は補欠合格だったが、近大は正規合格だったので近大に進んだ。

大学は決まったが、学費はどうするか。親に頼るわけにはいかない。

そんな時、毎日新聞が毎日育英会という奨学金制度を発足させたことを友人が教えてくれた。彼もその制度を利用すると聞いて私も決めた。育英会の奨学生として新聞

販売店に住み込み、4年間新聞配達をしながら大学に通うことにしたのである。

販売店は大阪市の下町、京橋だった。近大にも30分ぐらいで通えるところだ。ただし新聞配達の仕事は本当に厳しかった。

朝は4時起き。配達準備をし、配達が7時過ぎ頃に終わると朝食。大学には9時過ぎに行く。そして夕刊の配達があるため15時には大学を出なくてはならない。

大阪の京橋となると、一人で400軒ぐらい配った。近場の200軒ぐらいは手で担いで走って、残りの遠方のところは自転車に乗って配っていた。

近畿大学生のころ

当時住み込みでやっていたのは私ともう一人。あとは近所の通いの人や店主のご主人。全部で7、8人の販売店だった。
配達前には折り込み広告を新聞一部ずつに挟み込む作業がある。折り込み広告が多い日は嫌だった。それだけ挟み込むのに時間がかかり、すぐに配達に飛び出せない。

今は機械でやれるそうだが、当時は人がやった。10種類なら10種類並べておいて、上からパっと取っては挟み込む。なれると早いが、それでも30分くらいかかる。折り込みの多い元旦など1時間以上かかった。正月は大晦日の晩から準備していた。

夏場はいいが辛いのは冬場だった。とくに雨の日、雪の日は辛い。雨が降っていてカッパは濡れそぼり、なおかつ凍るような寒さで耳がちぎれそうになる。耳のちぎれそうな日などは、吉永小百合が歌い流行した「寒い朝」の歌を口ずさみながら配達を続けた。「北風吹きぬく 寒い朝も 心ひとつで 暖かくなる……」のである。

しかし、「読者が待っている。どんなことがあってもやらなあかん」という責任感があった。風邪で高熱があっても配達した。腕を骨折したことがあったが、その時も配達は休まなかった。片腕にギプスをして配達したのである。通常は2時間かかるところをその時は4時間かかった。私の代わりはいないので仕方がない。

新聞配達のきつさは、休日がほとんどないことだ。土曜も日曜も祝日も新聞はある。当時の新聞は休刊日も少なかったので、休めるのは夕刊のない日曜の午後。加えて元日の夕方と2日。3日には朝刊が始まっていた。あとは「新聞少年の日」というのが

5月のこどもの日の前後に1日だけあったくらいか。ほかは休みなし。休みに関しては、それこそ昔の丁稚奉公時代の藪入《やぶい》りに近かったのではないか。

さらに、奨学制度の厳しい側面は途中で辞めると新聞社が立て替えてくれている授業料を全部返さなくてはならない点だ。年間30万円。今のお金にすると年間100万円ほどか。4年間になると400万円くらいの金額を返さないといけない。だからおいそれと辞めるわけにはいかない。

それでも奨学生の半分は辞めていった。スタート時は30人ぐらいいたが卒業式のときに残っていたのは12～13人だった。

新聞の拡販でトップセールス

通常の配達の他に、新聞購読を戸別訪問して勧誘する、いわゆる「拡販」の仕事もあった。

育英会の大阪地区の場合だが、毎日新聞が主催する春の選抜高校野球の時期や、年末の時期に拡販のキャンペーンがあったのだ。私はだいたい1か月100軒の契約を取っていた。毎日新聞育英会の大阪地区で営業成績はダントツの一番だった。

なぜそれだけ契約が取れたかというと、ふだんの配達の時にご町内の様子をさりげなく観察していたからである。ここはS新聞を読んでいるお宅、こちらはY新聞、あちらはA新聞を読んではるといったことはすぐわかる。さらに配達中に毎日新聞を取っている家の方だけでなく、それ以外の家の方にも顔を合わせれば「こんにちは！」とご挨拶していた。配達担当地区では「毎日新聞の兄ちゃんや」という感じで顔見知りになった方が多かった。だから営業で行くと「ああ、あんたか。ええよ取ったる」「しゃあないなあ。ほんなら春だけお付き合いしよか」と、契約していただけたのである。

こうしたことは誰かが教えてくれるわけではなかった。自然とやっていたことである。

率直にいって、私はこうした営業が得意なのだ。扉を開けていただいて顔を合わせたら、だいたい絶対取ってくれる。一晩、営業に出れば必ず10軒は取ってきた。自分で目標を決めて、だいたい1～2時間でバッと決めてくる。

大学を卒業する間際に、当時の毎日新聞大阪本社の販売局長から「どや、販売店主になってくれへんか」とスカウトされた。これにはさすがにガクッときた。

寸暇を惜しんで学んだ法学が、社会で役に立った

奨学生として朝晩新聞配達をしながらの大学生活は毎日非常に忙しかった。

夕刊の配達があるので授業は基本的に15時までに終わるものを取った。16時、17時まである講義は受けることができない。16時から夕刊配達をして、終わると食事をとり、19時から中学生の受験対策の家庭教師もやっていた。

さらに夏休みや春休みは町の工場へ昼間アルバイトに行った。

朝4時に起きて新聞配達をしてから8時ころ食事をとって、すぐに近所の工場へ行って15時ころまで働き、それから新聞配達をして、帰って食事してから中学生に勉強を教える。休みの日のほうがむしろ忙しかった。

働き詰めの毎日だったが、その中でも大学で法律を学んだ。いったいいつ勉強をしていたのかと、今になって不思議に思うが、講義を集中して聞き、そしていろいろな仕事が終わった夜の21時頃から2時間程度、勉強した。朝4時起きだったので、だい

たい零時には寝ていた。

3年生で入ったゼミの専門は憲法だったが、民法も商法も学んだ。得意なのはむしろ民法や商法だった。興味のある分野だったのだろう。

ゼミの教授には「ゼミ長をやれ」と指名された。当時は教授の指名制だった。それで忙しいのがさらに忙しくなってしまった。ゼミの卒業旅行も全部私が予定を組んで、旅行会社に行って予約までしたが、私はゼミ旅行には行けたことはない。配達があるので泊まりがけでどこかに行くということは所詮無理だった。

法学部を選んだのは社会に出て仕事をするようになった時に法律の知識が役に立つと思ったからだ。そして熱心に学んだ。これが結果的には大正解だった。起業後、今日まで大きなトラブルに巻き込まれることなく、乗り切ってこられたのは法律的な知識があったからだ。会社経営では実務にからむ民法や商法、会社法、労働法等法律の事案がじつに多い。トラブルに立ち向かうだけでなく、むしろトラブルをいかに未然に防ぐかに法律的知識は役に立ってきた。「これは危ないな」「こういう場合は先にこう手を打っておいた方がいいな」というように、トラブルのタネを未然にかぎつけて、先手、先手の対応ができたのである。

新聞配達を通して身に付けた「やり遂げる力」

こうして大学4年間はひたすら働き、そして勉強した。

あのハードスケジュールをこなせたのはやはり体力があったからだろう。体力にはめちゃくちゃ自信があった。高校時代柔道を1年半やったおかげで鍛えられたこともあった。

結局大学の4年間に300万円貯金した。学費は育英会から全部出してもらえ、家賃も店が出してくれるので、お金が貯まるのである。当時初任給は4万5000円の時代だったから、今の価値にするなら4倍して1200万円~1300万円くらいを貯金したことになるだろう。

特に目標があって貯金をしたわけではない。

父親に「若いときからしっかり働いて、お金をためて、将来機会があったら事業でもやったらどうだ」とは言われていたので、貯金をしておこうという思いはあった。

なにより使う暇がなかった。新聞配達して、家庭教師して、勉強をすると、遊ぶ時間などなかったのだ。

父親に貯金額を報告したところ、かなり驚かれた。「若いのにあまりお金を持っているのもよくないから家でも買ったらどうだ」と言われて兵庫県の伊丹に家を買った。当時250万円だっただろうか。「ニコイチ」という二軒棟続きの小さな家だった。


大学卒業後の進路については新聞記者か広告代理店をなんとなく希望していた。従兄が広告代理店では大阪で当時指折りの萬年社に勤めていて「広告代理店てカッコいいなあ」というほのかな憧れがあったのだ。

就職活動を始める時に毎日新聞育英会の事務局に行くと「どういうところを希望しているんだ」と聞かれたので、新聞記者か広告代理店という話をすると、毎日新聞と関係の深い萬年社と大毎広告の2社を示され、「どちらかを紹介しよう」といわれた。

結局、大毎広告を紹介してもらった。その時は紹介さえあれば入社できると思ったが、行ってみると受験生が20人くらい来ていて「この中で採用は6人や」と言われた。話がちょっと違うと思ったが、無事に採用となった。

こうして大毎広告に入社後は、1年目から営業で頑張って、3年目には営業成績トップになったものの、身体を壊して結核になってしまったということは1章に書いたとおりである。

その時は特に野心が強いことはなかった。将来起業して会社を発展させてやろうなどとは思ってもいなかった。

しかし、今思い返してみると、最初の仕事を辞めて大学に進学した後の私は、何かに突き動かされていたように、無我夢中で働いていた。自分の能力を思う存分発揮して仕事がしたい、それを適正に評価してもらえるような環境を見つけ出したいという必死な思いがあったのではないか。

今日の自分があるのは、やはり新聞配達のおかげだ。とにかく読者が待っている。どんなことがあっても届けなくてはならないという使命感があった。

2018（平成30）年、当社の「Re就活」編集部が『20代で再就職したいキミへ　新卒3年3割退職時代の処方箋』（朝日新聞出版）という本を出した。その本の中のインタビューで、脳科学者の茂木健一郎さんが、自己啓発の分野で近年注目されているグリット（grit）という言葉を紹介していて、なるほどと思った。

〈……もともと英語のgritは「歯をギシギシさせる」「くいしばる」というような意味なんですが、一言でいえば〈あきらめずに、やり抜く力〉です。グリットの能力をどのくらい持っているか心理テストをして調べてみると、たとえば、アメリカの陸軍士官学校ウエストポイントで超ハードな基礎訓練をやり遂げる候補生はこのテストのスコアがよく、学業成績のような他の才能よりもグリットのほうが決め手になっていました〉

米国の士官学校生がグリットを養ったのがウエストポイントとすれば、私にとってのそれは、新聞配達店に住み込みで過ごした大学の4年間だったに違いない。

5章

リーマンショックの苦境を乗り越えた秘策

創業以来初めての赤字を経験

２００６（平成18）年に学情が東証一部上場を実現したころから、日本の輸出産業は好転し、景気も堅調になっていた。長年採用を抑制していた企業の採用意欲が高まり、新卒採用も大幅に増えていた。

おかげで就職情報業界は上り調子で、わが社も08年の途中までは着実に業績を伸ばしていた。

しかし、08年9月15日にアメリカの大手投資銀行リーマン・ブラザーズが経営破綻したことで状況はがらりと変わった。

もともとは、アメリカのサブプライムローン危機に端を発した住宅バブル崩壊が、アメリカ経済への不安をよび、連鎖的に世界的な金融危機が発生した。その衝撃波は太平洋を越え日本まで及んだ。まずは国内消費が落ち込み、さらにドルが下落する中、急激な円高となり、輸出産業が大きなダメージを受けた。日本の輸出数量は半年間で約４割減となり、日本経済は落ち込んでいく。

この結果08年度の日本の実質経済成長率はマイナス1・1%、翌09年度はマイナス5・4%と2年連続のマイナス成長となった。そう、1998年~99年の金融危機以来の大不況が突然やってきたのだ。

景気の循環はこれまでもある程度予測し、対処してきた。しかしリーマンショックは、落ち込み幅の大きさが予想をはるかに超えていた。特に09年度のマイナス成長は大きい。クラッシュしたという感覚に近かった。

同業他社が大規模な人員整理を行う中、学情はリストラをしなかった。
日本全国の会社が大幅な業績ダウンに苦しむ中、学情も業績不振に苦しむ。
08年の10月期決算ではまだ、リーマンショックの影響がわずかしか出ていなかったため売上高は40億7900万円だったが、翌年09年のそれは20億9800万円まで落ち込んだ。前の年の約半分だ。

1年で売上高が約半分に減少する。これはとんでもないことだ。

そのため、最終的に当期純利益がマイナス2億8000万円の赤字となった。これまで40年余の学情の歴史でただ1回の赤字決算である。

とにかく日本全国が不景気で、企業の業績が悪化していた。

それまで「売り手市場」だった新卒採用は一気に冷え込んだ。

さらに08年に内定をもらった大学生が、企業の業績の急激な悪化から翌09年に内定を取り消されるという例も多く、09年は大学生の約30％が就職先を見つけられなかったという。

当然、就職博の出展も就職情報サイトの広告も売れなかった。どの企業も採用どころではない。どんなに営業ががんばっても、契約はほとんど取れなかった。当時は採用活動の需要はかぎりなくゼロに近かったのである。

こうした苦境は当時の多くの企業が経験したものだ。

そして、またも多くの会社でリストラが行われた。歴史は繰り返すのである。

情報産業である就職情報業界は経費の多くの割合を人件費が占める。このため特に大規模なリストラが行われた。主要な同業他社大手では１０００人、２０００人ともいわれた大量の人員削減を行っている。

しかし学情ではリストラを行わなかった。

学情の場合も経費の７割は人件費だ。経営改善に即効があるのはリストラだった。

しかし、私は勤めていた会社が行った大量人員整理に義憤を感じて会社を辞め、茶野君や北野君と独立起業したのである。創業のときから「社員をリストラしない」ということを理想として掲げてきた。だから何としてでもリストラは行わないと固く決意していた。

リストラしたほうが株式市場の反応はよかっただろう。

売り上げが半分になってしまったのだから単純に言えば社員を半分切ればいける。それが普通の経営のやり方だったのかもしれない。だが、それを敢えて行わずに、この不況を乗り越えたい。

しかし、活路が見えない。私は苦悩した。

どのようにして不況を乗り越えるか……。夜中の2時、3時になっても眠れず、悩む日が続いた。

リストラの代わりにワークシェア。徹底的な経費削減を実施

「入りを量りて、出ずるを制す」

増収策を探りながら経費を減らすという意味だが、これは尊敬する京セラの稲盛和夫氏が好んで引用される二宮尊徳が採用した財政再建手法だ。原典は儒教の経典『礼《らい》記《き》』である。経営の原理原則であり、これ以外に方法はない。

そこで、経費削減を徹底して行った。

社長の私の給料を7割カットとするほか、他の役員も5割カット。さらに社員も8%カットとした。雇用を確保するかわりに給料カットをせざるをえなかった。

さらに、2009(平成21)年11月から翌10年の5月までの半年間は社員はワークシェアをして週4日勤務とした。当時は営業で回っても契約は取れず、仕事自体がなかったこともある。

給料カットで収入が減って、厳しいという社員は、申し出てもらえばアルバイトも認めることにした。10人ぐらいアルバイトの申し出があっただろうか。

こうして10年も経済状況は厳しかったが、売上高は23億900万円とわずかに伸び、当期純利益1億3200万円と赤字にはならなかった。

なお、売上高は2013(平成25)年まで20億円台にあった。リーマンショック以前の半分の水準だ。通常は景気の悪い時期も2年程度で回復傾向が見えてくるのだが、リーマンショック後は回復が遅れた。

売り上げが以前の半分に減ってしまった中で、それでもリストラをしないで持ちこたえられたのは十分な内部留保があったからだ。売り上げが半分になっても、10年はもつ程度の貯えがあった。そのおかげで冷静に、しかし懸命に最善策を考えることができた。

経営はいいときばかりではないので、悪いときのために蓄えをもっておくことだ。内部留保の大切さをこの時ほど痛感したことはない。

その後、この苦しい時期を乗り越えて、私は、社員は使用人ではなく家族なのだということも再確認した。リストラを行わず、厳しい経営状態の中、みんなで活路を探して必死で働いた経験を通して、本当に家族のような感覚をもった。

会社は社員が幸せになれるところでなくてはいけない。それが第一条件だ。

私は社員にはいつも厳しいことを言い、要求する水準も高いが、それも成長していってほしいからだ。

そして要求と同様に社員に世間よりは多い給料をあげたいとも思っている。これは口だけではなく、有言実行している。

最近では、学情の昇給率は上場企業平均の1・5倍くらいになっているはずだ。

ただし、高い給与水準を実現するためにはみんなで頑張って業績を上げていかなくてはならない。みんなで頑張ってみんなで幸せになるというのが学情の基本だ。

民間がダメなら公的事業で「入りを量る」工夫

リーマンショック後の急激な景気の冷え込みを目のあたりにして、強い危機感を持った。それまで経験した不況とはスケールが違うと感じたのだ。今後、急激に状況が悪くなっていくという予感をもった。おそらくこれから2年間はかなり厳しい時期が続くだろう。

どうやってサバイバルしていくか？

一番大切なのは「入りを量る」ことだ。経費削減はもちろん必要だが、経費削減だけをしていたら、会社も社員も疲弊していくだけである。新たな収入源を見つけ出さなくては、根本的な解決にはならない。

わかってはいるが、いったいどこに新たな収入源となるビジネスはあるのか？

毎日、眠れないほど考えたが、なかなか答えは出てこない。

それほど民間の経済の冷え込みはひどかった。

ある名古屋の自動車部品メーカーの社長とお話をしたときに「うちは週休5日です」と語っていたのが、強く記憶に残っている。一瞬、週5日勤務かと勘違いしてしまったが、週に2日しか工場を動かせないという。大手企業でさえそんな状況なのだから、どの企業も採用どころではなかったのである。

そこで、ふと思いついたのが公的事業への参入だ。

これまでは民間企業だけを相手にしてきたが、いまの状況では民間で新しい需要を見つけ出すのは難しい。民間がダメなら公的機関の事業受託に進出すべきではないだろうか？

そんなことを、２００８（平成20）年の年末ころは考えるようになっていた。リーマンショックの本格的な影響はまだ出ていなかったが、幹部社員たちともそんなことを話していた。

ある朝の新聞の記事きっかけに中企庁にアタック

そして活路が見えない中、２００９（平成21）年が明けた。

今年はおそらく、経済がさらに大きく悪化するだろう……。重苦しい気持ちで迎えた正月。仕事で東京に出てきていた私はホテルのラウンジで新聞を読んでいた。

その時、日経新聞１面の小さな記事に目が吸い寄せられた。

「経済産業省が就職支援事業を始める」といった内容の非常に小さな記事だった。経産省の外局である中小企業庁（中企庁）が人材対策事業を行う。しかも１４０億円の予算で基金を作るという。

瞬間的に「これだ！」と私の経営者としての本能が動いた。ここに絶対、学情の活路がある！　記事に後光がさしているように見えた。

すぐに当時、東京支社の責任者だった片山信人君に「今朝の日経新聞を見てくれ！」と電話した。彼も有楽町の交通会館にあった学情のオフィスで、その日経新聞を読んでいたところだという。

以前から公的事業への参入の可能性について話していたこともあり、すぐにピンときたようだ。

そこで、至急この事業の担当者に会って詳しい話を聞いてくるように指示した。

もちろん新聞には担当者が中企庁の誰か、部署や名前までは書かれていない。

通常、雇用関連の事業は霞が関では厚生労働省が行うが、それを経産省が管轄する事業とはいったいどういうことか？　学情には経産省や中企庁にパイプはなかった。

官公庁へのアプローチというと、政治家を思い浮かべる方もいるかもしれないが、私は政治力を使うということが嫌いで、自慢ではないが全く政治家にコネクションを持たない。懇意にしているお役人もいない。コネクションはゼロである。

「とにかく今日、中企庁の担当者に会ってくるように！」

どうすれば担当者に会えるのかはわからないが、それだけを片山君に言った。無茶な話だが、彼は「わかりました！」とだけ答えて電話を切った。

その後、新年の挨拶回りもひと段落した夕方に片山君は当時、経産省の営業担当であった歌津智義君（現・ゼネラルマネージャー）に「これから一緒に経産省に行こう」と声をかけ、急ぎ霞が関へむかうことになった。

経産省に到着はしたものの、もちろんアポも無く担当部署もわからない。

当時は官公庁の入口にIDカードをかざすセキュリティーゲートはなく、カバンのチェックをされる程度で省内には入れた。

実は前年08年に当社は経産省の採用パンフレット制作に携わっており、歌津君は何度か訪れていたので、なんとなく土地勘のようなものはあった。一階で案内板を見て中企庁の階と「おそらくはこの事業を担当するのはこの課だろう」と当たりをつけて行ってみたそうだ。それが当たった。

片山君は中企庁のオフィスで身近に座っていた課員に日経新聞を見せ、「すみません。学情という会社のものですけど、この記事に書かれた事業のご担当の方がいらしたらご挨拶したいんです」と話しかけた。

お役人の方たちも驚いただろう。後から聞いて、私も驚いた。「行け！」と命じたのは私だが、まさかそこまでの「飛び込み訪問」をするとはさすがに思っていなかった。

すると「担当者は私ですが何の話ですか？」と、オフィスの奥に座っていた男性が答えた。おそらく相当不審に思われたのではないか。それでも、学情という会社の説明をすると相手も少し興味をもち、事業についての背景説明をしてもらえた。

経産省・中企庁のねらいは、かいつまんで言うと、こうだった。

リーマンショックの影響で新卒採用が大幅に減ったが、採用の大きな減少は、日本の将来にとって大問題である。

30％余りの大学生が就職できなかったわけだが、新卒採用重視の傾向が極端に強い日本では、既卒扱いの彼らの多くが将来にわたって正社員として就職することができない危険性が高い。かつての就職氷河期に新卒で就職できず、その後正社員になる機会を逸してしまった若者たちが多く出たことからそれは明らかである。

日本の中小企業の発展を支援することがミッションの中企庁は、普段は大手企業との競争に負けて優秀な人材を採用できない中小企業にとっては今が人材獲得の好機ではないかと考え、企業の経営強化のための事業を行っていくのだという。

具体的には既卒・第二新卒を対象としたプロジェクトが想定されていた。

まさに学情が得意としている内容ではないか。

というのも就職情報企業の中でも既卒者、第二新卒の若者たちとのチャンネルをもっているのは「Re就活」事業を立ち上げていた学情だけだったからだ。

だが、もちろん国や自治体からの事業受託には公平な入札がある。「詳しくは公募要領の資料がいずれ公表されるのでそれを見てください」と言われたそうだ。

しかし、それは私が「これだ！」という苦境脱出の活路を見いだした日だった。

「公的事業」に参入し、学情の強みを生かす

我々は中企庁の人材対策事業の受託に向けて邁進《まいしん》した。

通常公的事業の入札のあるシーズンは3月から4月にかけてで、実は中企庁の人材対策事業はそれには間に合わなかった。しかし、翌年に延ばしてはいられない事業と認定され、緊急予算を使い、入札は夏前に行われた。学情は「合同就職説明会開催事業（大学施設等活用型）」という2009（平成21）～11（平成23）年の3年間継続の事業を受託した。これが学情にとって初めて本格的に取り組んだ公共事業だった。

全国の大学で合同説明会を開催していくという事業である。中企庁からの資金で日本商工会議所（日商）が基金を作り、プロジェクトを実施する形で、学情は日商から

発注されるという形になる。

事業を受託して、すぐに瀬戸本浩司君をチーフに「事業戦略室」を立ち上げた。現在のパブリックサービス事業部である。当初のメンバーは瀬戸本君を含めて4人だった。

全国の大学施設に、学情が企業を集め、大学側は学生を呼ぶ。企業は無料で説明会に参加できる。

開催する場所は全国に広がっており、かつ2、3年で延べ200回の合同説明会を開催しなくてはならない。4人のメンバーでは当然、回していけないため、次第に他の部署の社員を巻き込んでいった。

当時、学情には東京・名古屋・大阪・京都にしか拠点がなかったので、それ以外の地域で企業を集めるのには苦労したようだ。それまでコネクションがなかった全国各地の企業に電話で飛び込み営業し、時には出張して営業した。

日商から各地の商工会議所に連絡していただき、会員企業への参加を募ってもらったのはありがたかった。通常、学情でやる就職博の合同説明会とは異なったビジネスモデルで、全国の商工会議所ともつながりができたという点でも学情にとって実りのある経験だった。

さらに、2010（平成12）年から「新卒者就職応援プロジェクト」という4年間の事業を受託した。

これは職につけなかった新卒・既卒者と人材難で困っている中小企業をマッチングするためのインターンシップを実施するプロジェクトだった。企業にインターン生を派遣し半年ほど実習してもらう。その間、受け入れ企業には補助金、インターンとして働く若者には助成金が支払われ、半年後に、両者がうまくマッチングした場合は就職してもらう。

公的事業でインターンシップを使った就活モデルはおそらくこれが日本初だっただろう。

政府も若者の雇用に真剣に取り組んでいた時期だった。

この事業こそは企業と既卒・第二新卒の両方にネットワークのあった学情でなければ、おそらく実現できなかったのではないか。

期間が4年間と長期に及ぶだけでなく、金額的にも大きな事業で、やがて学情の社員の4分の1程度をこの事業に投入していった。

09年11月からワークシェアで週4日勤務を実施していたが、この受託事業が本格的に展開し始めると、人手が足りなくなり営業部隊の社員の一部を異動させて、この事業を担当してもらうようになっていく。公的事業によって仕事が増えたこともあり、10年4月で当社の週4日勤務のワークシェアは終わった。

公的事業の仕事が増えてくると、売り上げも徐々にではあるが改善を見せてくる。ピーク時には公的事業による売り上げが年間10億円程度になっていた。当時年間売上高が20億円台で推移している中で、学情は公的事業に非常に助けられたといえる。

もしあの時、公的事業にすぐに参入できていなかったらどうなっていたかを考えると、ぞっとする。当時は必死で駆け抜けていたが、今になってあの時の自分たちの行動に拍手を送りたくなるのである。

人の役に立つ――東日本大震災の復興支援での就活応援で本領発揮

2011（平成23）年3月11日に東日本大震災が発生した。

全国での合同就職説明会の開催やインターンシップ事業など公的事業分野のプロジェクト（新卒者就職応援プロジェクト）を受託し、多くの社員が一生懸命やっていたころである。

震災から10日前後経ったとき、瀬戸本君は中企庁の担当者から呼ばれた。

まだ企業における震災の被害の詳細な報告は中央まで上がってきていなかったが、震災で従業員を亡くしたり、生産設備を失うなどして操業できなくなっている企業も多く、今後倒産する会社も出てくるだろう。また、会社が営業できないため失業したり、内定を取り消されたりする新卒者も少なくない。

この危機的状況に、「中企庁としても何か対応をしていきたい」と担当者は言い、「ゴールデンウィーク前に被災地の福島、宮城、岩手の3県で合説（合同就職説明会）をやってほしい」と切り出されたという。

まだ震災から10日である。復旧の見込みどころか、被害の全容さえつかめていない時期だ。

「それはいくらなんでも難しいのでは」と瀬戸本君が返すと、「被災地の企業は困っている。とにかくやってくれないか」と言う。その担当者の真剣さに心を動かされたという。

「なんとか東北地方で被災者向けの合説を行いたい。ついてはまず東北の様子を見に行って情報収集をしたい」と瀬戸本君からの報告を聞いて、私も迷うことは何もなかった。即断即答した。

「えらいこっちゃ。うちができるお手伝いはせんとあかんやろう」

学情のミッションは「社会に貢献する」「困っている人を助ける」だ。

被災地での合同説明会の開催はさまざまな困難があるだろう。関わる社員も大変だろう。しかし被災地の若者たちや企業を助けるためにやるべきだ。

ほかの事業の時と同じように「君が全部決裁して、できるかぎりのことをやりなさい」と瀬戸本君に事業については任せた。ただし「お金はちゃんといただくように」と付け足したと、彼は後で笑いながら言っていた。たぶん、きっとそのように言ったのだろう。

学情は企業であり、いくら社会に貢献する事業であっても採算度外視でやることはできない。社会にしっかり貢献し、それに見合った報酬もいただく。ここは大事なところだ。

3月26日、情報収集のために片山君と瀬戸本君は仙台に向かった。まだ新幹線は再開していない。仙台に行く唯一の交通手段は深夜バスだった。新宿を夜11時に出て、でこぼこの道路を通って朝5時ごろ到着した。まずはJR仙台駅前のビルに行き、「新卒者就職応援プロジェクト」でお世話になってきた地元の就職支援会社をお見舞いし、情報収集を開始した。被災地の厳しい状況を肌身で感じるにつれ、「被災地支援の合説（合同説明会）は学情としてやらないといかん！」と、2人は決意を新たにしたという。

その後、さまざまな困難の中、「がんばろう！東北　就職応援フェア」は動き出した。ゴールデンウィーク前の開催はかなわなかったが、震災から約2か月後の5月9日、盛岡市の岩手県産業会館で合同説明会を開催した。第1回目の「がんばろう！東北　就職応援フェア」だ。

対象は大学4年生と短期大学や専門学校の2年生、そして、その春卒業したばかりの就職未内定者、内定を取り消された新卒生、さらに若手の職のない社会人にまで広げた。

事業収益のすべてを日本赤十字社に寄付することを予めお知らせし、参加企業を募ったところ、あっという間に東京や大阪から約40社が集まった。

実行力、スピードなど学情の「強み」がいかんなく発揮された。

このことが高く評価されて、学情はこの年、東北3県の復興支援合同説明会の事業を受託し、盛岡市、仙台市、郡山市の３拠点を中心に合同説明会を実施した。

ノウハウは「合同就職説明会開催事業」と基本的には同じだったため、実務レベルでの苦労はあまりなかった。さらに、各地で中企庁の事業による合同就職説明会を展開していたので、現地の大学や経済団体ともがっちりパイプができていた。

合同説明会「がんばろう！東北 就職応援フェアin盛岡」チラシ

ただ、最初は参加企業を集めるのがネックだった。

現地では企業も被災していて事業の立て直しに苦労しているところも多く、新たに若手を採用している余裕がない。

当初は現地の経済団体に協力して

もらったり、あるいは県庁に協力してもらったり、あらゆる手を使って集めた。

ところが、復興支援の合同説明会のことが全国的に知られてくると、問い合わせが増え、参加してくれるようになった。「当社も何か手伝えることはないか」といった申し出も多かった。

この年、瀬戸本君は3月以降、東北へ40回程度出張していたのではないだろうか。他にも大勢の社員がプロジェクト実現のために駆けずり回った。

社員のことを誇りに思いたい。

ジャージにサンダル姿で合同説明会に参加した若者も

瀬戸本君が後に語ってくれた印象的な話がある。

第1回目の合同説明会で、会場付近に上下ジャージ姿でサンダル履きの若者がうろうろしていた。入口のところで入ろうかやめようか迷っている様子だ。

「どうされましたか？」と声をかけると、

「実は家を流されて、スーツがないんです。靴も革靴がないんです。こんな格好ですが入っていいですか？」と言うのである。

瀬戸本君は泣きたい思いになりながら、「もちろんだよ。そんな君らのためにやっている説明会なんだからぜひ、入って」といって案内したそうだ。

この青年はほどなくして就職先が決まったという。

盛岡での第１回合同説明会（2011年５月９日、盛岡市の岩手県産業会館）

当初はこのように避難所から合同説明会に参加する若者もいた。

中には家族を失った人もいただろう。これからどうしたらいいのかまったく先が見えない中、合同説明会の会場まで足を運んでくださった東北の多くの若者たちのことがいまも忘れられない。

自分たちが少しは東北の若者たちの役に立っていると感じて瀬戸本君は、「本当によい仕事をさせていただいたと思います」としみじみと語っていた。

公的事業への参入で、リーマンショックを乗り越えた

2009（平成21）年〜13（平成25）年にかけて学情では中企庁の公的事業を数多く受託させていただくことができた。

民間事業とは異なった公的事業の仕事の進め方も学ぶことができた。またこれをきっかけに、中企庁だけでなく次第に内閣府や文部科学省、農林水産省、地方自治体などなど、幅広く公的事業を受託するようになっていく。

リーマンショック後、その後も東日本大震災の発生などで日本全国が不況に苦しんでいたが、公的事業への進出は学情にとっては大きな支えとなった。

13年までは学情の売上高も年間二十数億円というレベルからなかなか上がらなかった。その中にあって公的事業は年間7億円〜10億円に上っていた。これは非常にありがたかった。

早くから懸命に「入るを量った」結果である。大不況の時には民間だけではどうにも活路が見いだせないこともあるということも認識した。

景気は14年頃から回復してきた。学情も15年にはリーマンショック前の水準の売上高に到達し、16年には50億円を超えるところまで成長した。

その後、公的事業の受託は減少していったが、今もパブリックサービス事業部が受託しており、売り上げの10％程度を占めている。

ただし受託事業の内容はだいぶ変化してきた。

当初は若者の雇用を守るという目標の事業が多かったが、景気が回復していく中、目的は「地方創生」に移ってきた。地方の活力を取り戻させる事業。地方に若者を還流させよう、ふるさとに若者を戻そうといった事業が中心になってきた。

この分野でも学情は大きな存在感を誇っている。

地方にご挨拶にいくと「学情さん、ぜひ入札に参加してくださいね」とよく声をかけられる。

Uターン、Iターン、Jターンなど、地方に若者たちを呼び込むための就職合同説明会に学生や若手社会人を集められる実行力がある就職情報会社はごく限られている。ある同業大手が撤退した自治体の方から「学情さんも撤退されることはないですか」と心配そうに声をかけられたこともある。

「人件費くらいは出ています。赤字になったら僕は経営者ですから撤退する判断をします。そうではない限りは、地方の活性化は日本人の務めやと思ってますから。この事業は絶対続けます」と答えている。

人のためになることは儲からなくとも行う。ただし赤字になったら撤退する。

これが創業以来一貫した私の経営の考え方なのだ。

朝日新聞社との資本業務提携

2013（平成25）年1月、学情は朝日新聞社、朝日学生新聞社と資本業務提携の契約を締結した。

就職支援サイト「学情ナビ」が現在の「あさがくナビ」と名前を変えたのを覚えている方もいるだろう。提携後、「あさがくナビ」「Re就活」といったサイトでは朝日新聞社の提供するコンテンツが加わり内容の厚みを増している。18年には女子学生就活応援サイト「Will活」の運営を共同で開始した。また人事採用担当者向けセミナーなどいろんな事業を共同で行い、双方の強みを生かして、シナジー効果を生み出そうとさまざまな取り組みにも挑戦しているところだ。

なぜ朝日新聞社との提携を考えたか。

ひとことでいえば「信用力」「知名度」アップのためである。就職情報を流す「媒体社」という立場としては、信用力、知名度は非常に重要だ。

そして学情の弱点はここだ。

就職情報業界大手にはリクルートのほか、大手新聞社系、出版社系などメディアとの繋がりのある企業が少なくない。その中にあって、大手メディアとの関係がない学情はどうしても信用力、認知度で負けてしまっていた。

これはこの業界に参入したときから痛感してきた。

私たちも信用力、知名度をつけるための努力はしてきた。

たとえば今から30年前に在阪準キー局の朝日放送と提携をしたのもそうした一手である。

新規参入したばかりの学情が就職情報誌の媒体を出すため、学生や企業に信用してもらえるようなお墨付きが必要だと考え、朝日放送に後援をお願いしに行ったのだ。

当時の局長に「これは世の中に非常に貢献する事業だから、後援させてもらおう」とおっしゃっていただいた。以来ずっと応援していただいてきた。

株式の上場を決意し、東証一部上場を実現したのも「信用力」をつけるためである。おかげで今ではかなり信用力も上がり、とくに関西においては「学情」の名前はよく知られるようになっている。そしてビジネスを迅速に展開、実現していくにはやはり信用力が重要であることを再認識した。

残念ながらまだまだ学情の信用力、認知度は十分ではない。特に東京においての知名度は低い。

どうしたらよいのだろうか。

悩んでいる時に、朝日新聞の力から若者向けの事業について「一緒にやらないか」とアプローチをいただいた。資本業務提携をする数年前のことだ。

その時は、ちょっとお手伝いをする程度で特に何も思わなかったのだが、しばらくしてから、「これからこの事業を続けていくとなると、やはり大手マスコミの協力を得た方がプラスになる」と思った。大阪の朝日放送とは前からご縁があるし、関連の朝日新聞とも時々仕事の繋がりがあった。

それでは朝日新聞と提携したらいいのではないか？

早速メインバンクに「朝日新聞さんに提携の可能性についてちょっと聞いていただけますか」とお願いした。

すると1週間くらい経って「朝日新聞さんもすごい乗り気ですよ」というご返事をいただいた。その後、交渉に入り、1年半ほどして契約となったのである。

学情にとってはなんといっても媒体社としての信用力をつけたい、ということが目的だった。

提携後に、朝日新聞の幹部の何人かに伺ったところ、朝日新聞は「20代をもっと取り込んでいきたいという思いがあった」という方がいた。なるほど、20代は「あさがくナビ」「Re就活」など当社の媒体のターゲット層。学情がまさに得意としている年代だ。

双方の強みを生かして、これまでできなかったことがやれないか。これまではなかったことがやれないか。契約を結んでから、常に模索を続けている。

朝日新聞と契約した翌14年、日本経済は本格的に復調を見せ始め、学情の年間売上高もリーマンショック前の40億円台にまで回復した。

そして、次のフェーズにむけて動いていくことになる。

6章

20代若手就活市場をリードする学情が次に目指すのは？

変わり始めた20代の人材市場

リーマンショック、そして東日本大震災で不況が続く中、学情は公的事業の受託などの新しい分野に進出することで、赤字決算は一度だけで乗り切れた。そして、景気が回復し始め学情の売り上げもリーマンショック以前の水準近くまで戻った２０１４（平成26）年頃から、〔20代専門〕転職サイト「Re就活」が伸び始めた。若者たちの登録数も伸びたが、企業側の契約が続伸した。

それまで学情を支えてくれた景気対策や震災復興事業の雇用対策関連などの公的な事業の需要が、景気が戻ってくると共に徐々に縮小していった。それとまるでスイッチするかのように今度はRe就活が成長株として躍り出たのである。

Re就活といえば、04年にサイトを立ち上げてから数年間は赤字で、その後も、そこそこの売り上げはあったものの、けっして収益性の高い事業とはいえなかった。

もともとは、「就職氷河期に新卒での就職がうまくいかず、仕事に就けていない既卒者や就職したもののミスマッチで会社をやめてしまった第二新卒を助けてほしい」という大学側からの相談を受けて始めた事業だったことは3章で書いたとおりだ。

当時、就活市場は新卒採用か30代以上の経験者が中心の転職市場であった。既卒・第二新卒者は転職市場で仕事を見つけるしかほぼ手段はなかったが、転職サイトの登録には職歴やその仕事に必要な資格などの記入が必要だった。社会経験の少ない既卒・第二新卒者はその段階ではじかれてしまう。エントリーすることすらままならなかった。

そこで彼らのための就職応援サイトを立ち上げたわけだが、伸びは緩慢だった。

そのRe就活が、気が付けば学情の事業の中でダントツに伸びている。

これにはRe就活にずっとたずさわってきた社員も、私も嬉しかった。

なぜ「Re就活」が伸び始めたのか。

短期的な理由としては長かった不況を脱して景気が回復しだしたところで、これまで長期にわたって新卒採用を控えてきた企業が一気に新卒採用を再開したことがある。ところが、新卒学生だけでは足りず、そこで企業は既卒や第二新卒の採用に目を向けた。

そして、企業の既卒・第二新卒への偏見が薄らいだこともある。

かつては多くの企業で、既卒・第二新卒へのネガティブ・イメージは非常に根強かった。就活をまともにせずに就職しなかったのだろうとか、忍耐力がなくてすぐ仕事を辞めてしまうのだろう……そんな先入観があった。実際には就職氷河期に新卒採用数が大幅に減って、就職したくてもできなかったり、希望の仕事に就けなかったりした20代が大量に発生したという要因があったのに、就職に躓《つまず》く原因が個人の資質レベルで片付けられる風潮が企業の採用担当者の間にもあったように思う。

学情の営業も熱心に既卒・第二新卒へのいわれなき偏見を取り除くために奮闘してきた。彼らは「新卒＝22歳が欲しいのですか、それとも20代前半の若者ですか」といった問いかけを企業の採用担当者にした。よくよく検討してみれば、20代前半の若者を採用したいのであって、新卒採用だけにこだわる必要はないと発想を転換する企業が増えていった。

実際に既卒や第二新卒の若者を採用した企業からの評判は以前からよかった。社会に出る際に挫折を味わい、つぎに雇ってくれた会社の良さ・ありがたさがわかるため、頑張って働く若者が多いのだ。もともと新卒採用で苦戦していた中堅・中小企業は既卒・第二新卒の採用を積極的に増やすようになっていった。

そもそも若手人材の絶対数が不足しているという根本的な問題に日本の大半の企業が直面し、早急な対策を迫られているのだ。

少子化が進み、新卒の絶対数が以前に比べて少ない。しかも人口ピラミッドを見れば、将来さらに労働人口が大きく減少していくことは明らかだ。新卒採用だけにこだわっていては若手が十分に採用できない苦労は、企業の多くの採用担当者が味わっていた。あれだけ強固だった人事部の新卒採用へのこだわりが薄らいできた。新卒だけでなく既卒・第二新卒まで企業は若手人材を広く見るようになった。

さらに、発足からRe就活は〔既卒・第二新卒〕専門サイトとうたっていたが、マーケティングしてみると、企業はもう少し上の年齢でも若手人材として受け入れようとしていることがわかった。そこでRe就活は20代全般をターゲットにすることとし、サイトも17年に全面リニューアルした。これも当たった。ウィングを広げたおかげで、クライアント企業数もサイト登録者数もますます増えている。

日本の企業は「新卒一括採用」の単線ではなく、複数のチャネルを使っての若手人材の採用を模索し実行しだしたのである。02年に早大就職部長に相談された時から見れば隔世の感がある。

新卒採用から20代通年採用時代——企業の採用が多様化

少し前まで、企業は自社の新卒採用のスケジュールに合わせて既卒・第二新卒の採用選考をし、新卒と既卒・第二新卒を合わせて4月以降に新入社員研修を行う傾向があった。しかし、昨今は秋入社で海外の留学から帰国した学生が就職することも普通だ。クォーター（四半期）ごとに正規採用する企業もある。採用のやり方が多様化している。新卒、既卒・第二新卒の壁をなくし通年採用する企業も出てきた。たとえば、5〜10人の採用数の企業であれば、新卒一括採用をするより、Re就活で若手を随時入社させ、すぐに働いてもらうほうが理に適っている。最近、学情はクライアント企業に「20代通年採用」という新たなコンセプトを提案している。

もちろん、今も新卒一括採用は根強い。たとえば、大学生に人気の大手企業や有名会社の場合は、一括で新卒を多く採用し、一斉に研修を行う方が効率がよい。

一方で、最近の新卒採用は選考が前倒しになり、企業は内々定・内定を早く出す傾向にある。このため内定学生のフォローを何か月もすることになる。6月に内々定を出してから翌年の3月までフォローするくらいなら、既卒や第二新卒を採用して、すぐに社員として育てた方が、より早く戦力として働いてもらえる。こうした観点から大手一流企業でもRe就活を活用する動きが出ている。

数年でも社会人経験がある既卒・第二新卒者はたいがい社会人の基本知識は備わっているとみていい。あいさつや電話での応対など社会人としての基本的マナーを教えなくてもすむ。そこで、「新卒より、むしろ第二新卒が欲しい」という企業が出てきた。中堅企業やベンチャー企業などには、Re就活の既卒・第二新卒者に採用対象者を振り切っている会社もある。

もともと新卒一括採用は大手や人気企業に有利な仕組みだ。以前から中堅・中小企業は新卒採用では苦戦してきた。なかなか学生の応募者が集まらないことが悩みの種だった。しかし、そうした企業も、通年採用にして、対象を新卒から20代の既卒・第二新卒に広げることで、優秀な人材を採用するチャンスが大幅に広がる。

いまや、企業の規模や戦略に合わせて採用方法を選ぶ時代なのである。若手人材を採りたいクライアント企業の多様なニーズに、学情はもっともフィットしている唯一無二の就職情報企業であると自負する。

Re就活に登録する若者たちの意識の変化

20代転職市場が盛り上がり、登録者が倍々で増えているが、登録者の層や意識も大きく変化している。

2004（平成16）年のRe就活立ち上げ当初は社会人経験のない既卒者がほとんどだった。

しかし、14年以降は、どこかに一度は就職したことのある社会人経験者の割合が増えていった。第二新卒というよりもう少し経験を積んだ若手、ヤングキャリアというカテゴリーの人たちだ。最近では7対3の割合で社会人経験者が多くなっている。

彼らは「正社員として採用してくれる会社を探す」ためにRe就活に登録しているのではない。

3年ほど働いて、それなりの経験をした若者が次のステップに進むために転職を考えている。仕事やキャリアに対して意欲的なタイプというイメージだ。これに対して、以前なら企業側は「一度入った会社をすぐ辞めるなんて」といったネガティブな反応をしていたが、現在はむしろ若者の意欲を評価する傾向が目立つ。

実は、新卒として4月入社した新入社員が、その時点でRe就活に会員登録をするということも少なくない。企業の採用担当者はため息をつきたくなるような話だろう。

しかし、あなたの会社の新人社員がRe就活に登録したからといって、その若者がすぐにでも転職をしようと思っているわけではない。むしろ仕事に対しては意欲的で、真面目に会社の仕事を覚えようとするタイプである可能性が高い。就職した会社で一生懸命働くが、ただ同時に転職情報もキャッチアップしていたいのだろう。

今の若者たちは景気の変化で雇用状況が大きく変わってしまうということを知っている。今や大手企業に入社しても安心とは言えない。金融機関もメーカーも経営不振に陥るといったことを見聞きしている。

そんな中、将来をシビアに見据え、なにかあった時のために〝つぶし〟がきくように若いうちからスキルを付けておきたい若者が増えてきた。Re就活の登録者には、そうした意識の若者たちが多いように思う。

今の若者は安定志向がある。安定を求めて保険をかけておこう、備えておこう、という意識が強いのではあるまいか。

「若手市場」は一つではない

Re就活は20代全般を対象にしている。年齢の幅があるだけに登録者をひとくくりにはできない。20代前半か後半で考え方や目指すことも異なっているようだ。20代前半（23歳～25歳くらい）はまだ目線が新卒に近い。転職先のポイントも、会社の雰囲気や研修制度の充実度などを重視する。一方、それ以降になってくると、社会人として3年程度の経験をしている人が多いのでちょっと自信がついてくる。するともっと上を目指し始める。さらに年収だったり、休日や残業時間、厚生施設だったり、待遇面をしっかり見るようになる。

よく新聞社が4月に新入社員アンケートを行う。「どのポジションまで出世したいか」といったことを聞くと、かつては社長が多かったのに、最近は部長レベルが多い。

そこで「最近の若者は上昇志向が低い」といった結論をよく見るが、実は社会人数年の若者たちに同じ質問をしたら、答えは結構変わってくるはずだ。今の若者はある意味で慎重だ。自分で経験して、状況が分かってはじめて野心をもつ。

このように20代前半と後半では目指すものが違う。

Re就活のクライアント企業には求人広告の文面からアピールの仕方などさまざまな提案をさせていただいている。いま書いたように、若手を採用したい企業は、「どの層の若者がほしいのか」を明確にしたほうがよい。20代前半と後半でアプローチを変えるべきだ。

学情の強み「20代若手人材」が時代のトレンドに

Re就活の登録者は１００万人を超えた。〔20代専門〕転職サイトでナンバー１の企業として他社の追随を許さない存在となった。

就職情報業界に参入してから、学情としての強みをもちたいとつねに奮闘し、新卒から既卒・第二新卒へと対象ターゲットを広げた。既卒・第二新卒は当初「ニッチ」

と考えられた。だが、今、そのカテゴリーの若手人材が採用の中で重要な位置を占めるようになっている。

「強みを持って勝負したい」という私の長年の夢が叶いつつある。

しかし、若手人材専門転職サイトのナンバー1企業となったからといって、もちろんそれで安心しあぐらをかいているわけではない。

「あさがくナビ」や「Re就活」により多くの意欲的な若者たちに登録してもらいたい。そして契約いただいている顧客企業と登録者とのマッチングの精度向上を進め、サイトの効率性を高めていかなくてはならない。

要は若者が希望する仕事を見つけられやすくなり、企業は探していた人材を採用しやすくなるようにしなくてはいけない。

そのためにどんどん新しい商品やサービスを生み出そう。

学情のモットーはまだ世の中にない新しいサービス、商品を生み出していくことである。私は今まで以上に「世の中に出ていないサービスを生み出そう」「競合他社がまだ始めていないサービスを生み出せ！」と、社員たちにハッパをかけている。

AIを就活情報に活用せよ

2015（平成27）年3月、「あさがくナビ」にAI（人工知能）機能を取り入れた。登録者に合っている、あるいは興味をもつと思われる企業を次々と見つけ出して勧める「AIリコメンド」という機能だ。

もちろん業界初である。

簡単にいうと学生がどういう企業を見ているか、どんな検索をしたか、どこにエントリーしたかといった履歴に現れた行動特性をAIが自動的に解析し、その学生がどういう業界・業種、どんな仕事に興味を持っているのかを推測する。そして、その人に合った企業を5000以上のクライアントからマッチングし、登録者一人ひとりに提案するというものだ。

このサービスは「学生の企業への応募がもっと増えるようにしたいのですが、みなさん自分の興味関心に合った企業を見つけだすのに苦労しているようなんです」と、課題を指摘した社員の言葉がきっかけだった。

あさがくナビはじめ就職情報サイトには膨大な数の企業情報、求人情報が載っている。その中から自分の興味関心にぴたりとあった企業を見つけ出すことは、たしかに簡単ではない。

「最近、人工知能が話題やけど、人工知能に何かやらせることはないんか？」と、私がふと思いつきを口にした。人工知能に何ができるのか詳細はその当時はわかっていなかったが、とにかく人工知能、人工知能ともてはやされている。だったら就職情報産業でも何かできないの？　まったく素朴な発想である。

しかし、たちまち「人工知能には検索履歴などからその人の興味を推測して商品を推薦する機能がある」「それは大手通販サイトで使われている。応用したらどうか」……社員から活発に意見が出て、話がどんどん膨らんでいった。

そこからは、Ｗｅｂ事業推進部の責任者たちが中心となって実用化を進めていった。ＡＩを得意にしているベンチャー企業や海外の技術を国内で販売している企業を探し、行動分析を活用した「ＡＩレコメンド」というシステムを利用することになった。

ＡＩの技術としてはすでに以前から存在したもので、その点では新しいわけではない。ただし、この技術を就職情報サイトに搭載していたという取り組みが新しかった。

やがて競合他社も同様のシステムを使いはじめ、今では当たり前の機能となってきたが、業界で最初に始めたのは学情だ。そこは強調しておきたい。

２０１７（平成29）年３月、就活サイトに初めてＡＩを導入するにあたって、当社は〈人工知能を搭載した就活支援型ロボ「就活ロボ」〉というキャラクターを〝発進〟させた。

ＬＩＮＥで就活の悩み相談ボットもスタート

さらに、当社はＡＩとＬＩＮＥを結びつけた「就活ロボＬＩＮＥ＠チャットサポートサービス」を「あさがくナビ２０１８（19年採用）」に加えた。ＳＮＳと就活サイトを融合させる――このサービスも、むろん業界初である。

「就活ロボＬＩＮＥ＠チャットサポートサービス」は、ＬＩＮＥを通じて、あさがくナビ登録者が個人のアカウントから就活に関する疑問や質問を送信すると、それに対する答えが即座に返ってくる。以前なら、サービスセンターのスタッフが悩みのメールを受け取って、それに答えていくというやり方で大変に手間がかかった。

しかし、そこにＡＩが入るとがらりと変わる。

就活生の疑問や悩みはある程度共通している。就活ロボにはこうした就活の質問、疑問と、それに対する回答を集積した膨大なデータベースがある。ＬＩＮＥに相談内容を入力すると、人工知能がデータベースを参照して、最も適切な回答を選び、ボット機能（機械による自動発言システム）によって、回答が悩める就活生に即座に届く。学生ごとにマッチした情報をタイムリーに送ることもできる。回線さえ通じていれば24時間対応が可能だ。

これも「就活生の悩みに個別に答えてくれるサービスがあるとよいのでは」という若手からの意見がきっかけとなり、「それならＡＩを利用したボット機能が使える」ということで実現化した。

むろん、このサービスはＡＩが活躍しているとはいえ、きめ細かい支援には人間も関わっている。通常の質問や疑問についてはボット機能が対応するが、もう少し複雑な質問に対してはスタッフが担当する。ＡＩを導入することで、よりきめ細かい高度な就職支援を可能にした。

若手の採用にはOne to Oneのコミュニケーションが大切

新しい商品開発には、社員たち、とくに若手社員からの提案や意見がきっかけとなっていることが多い。「あさがくナビ」も「Re就活」も20代の若者が対象だ。20代の若者の考え方や価値観、嗜好をリアルに理解している者の声が重要なのだ。

こうして若手社員たちの意見を聞くうちに、「20代はOne to Oneのコミュニケーションを非常に好む」ということがわかってきた。

つまり、彼らは自分だけに、自分をめがけて届けられる情報を好むのである。もう少し上の世代だったら、大量の情報から自分で選ぶことに価値を見いだすのではないだろうか。

しかし20代はしっかり自分のことを把握したうえで「あなただけに」送られてくる情報に価値を見出している。

したがって「あさがくナビ」「Re就活」も、その人その人に合った企業を選んで推薦することが大変評価され、重要なのだ。さらに「就活ロボＬＩＮＥ＠チャットサポートサービス」のように、その人の質問や疑問、悩みに直接個別に答えてくれるということにとても価値がある。

このあたりは世代が違うとわからない。だからこそ20代の若手社員の意見や提案はとても重要なのである。

新商品開発ではないが企業側の採用活動でもこうした20代の特徴、嗜好に対応したアプローチを提案している。不特定多数の登録者に対して「うちの会社はこんな魅力がある」と同じメッセージでアピールするよりも、登録者たちの情報を分析し、自社の事業に関心をもってくれそうな人たちに「うちの会社ならあなたのこういう経験が生かせますよ」とピンポイントのスカウトメッセージを送ったほうが、若者からのレスポンス率は格段に高くなる。

「あさがくナビ」「Re就活」では登録者に書いてもらった自己PR情報をもとに、その人に合っているのではないかと推測される企業から「スカウトメール」が届くシステムを構築した。これが大変好評だ。登録者からのレスポンス率は、それ以前と比べて大きく上がった。

クライアント企業側としては、いろいろ手間ヒマかかるが、より確実に、採用活動を進めていける。

スマートフォンで「距離のハンディ」乗り越える画期的サービス

２０１８（平成30）年3月から、「あさがくナビ」と「Re就活」でスマートフォン（スマホ）で面接ができる「スマ面」という画期的なサービスを開始した。

やはり業界初である。というよりもむしろ、これは世界的にみても初めてのサービスではないだろうか。

技術的には以前から存在していたものだ。

簡単にいえばスマホの「テレビ電話」機能である。これを面接に活用したサービスが「スマ面」である。

パソコンではなく「スマホ」を使っての面接というところが、このサービスのキモだ。技術的には「Ｗｅｂ面接システム」と呼ぶべきもので、これはスマホだけでなくパソコンでもできる。パソコンでの面接はテレビ会議が盛んな欧米ではすでに行われているかもしれない。しかし、パソコンではなくスマホを使うというところに新しさがある。

今、日本の学生は、あまりパソコンを使わない。なんでもスマホでやれてしまう生活の中では、パソコンでの面接はいささか敷居が高い。スマホなら面接もけっこう気軽に参加できる。これは海外でも同じだろう。よりシンプルに、どこからでも面接に参加できるシステムだから広まるのではないだろうか。

「地方の大学生の就活を助けたい」からスタート

「スマ面」を開発するきっかけしなったのは「地方の学生や企業の役に立ちたい」という思いだ。

北海道や九州など地方の学生が東京や大阪の企業の面接を受けることになると、就活で交通費、滞在費などものすごく費用がかかる。

地方の学生が東京や大阪に面接を受けにくるとなると月10万円は必要だ。何社かをまとめて受けるようにして、シェアハウスを借りて就活をする若者もいる。地方在住の学生や若者は「距離」を理由に都市部にある企業への就職をエントリー段階であきらめてしまうことだって起きている。

以前から地方の大学の関係者からは「地方の学生が東京や大阪に面接に行くにはコストが高すぎる。なんとかできないか」という相談を受けていた。実際、地方の大学には優秀な学生が大勢いるのだが、彼らの東京や大阪をはじめとする大都市圏に本拠をもつ企業への内定率は高くなかった。

地方出身者が東京や大阪の企業への就活を進めるにはどうしたらいいか。地方の中堅企業に都市部の学生を集めるにはどうしたらいいか。社内で議論を重ねていた。そんな時に若手社員から「スマホで面接をしたら」という意見が出た。これは実におもろいアイデアではないか。

20代の社員たちの話を聞くと、彼らはＬＩＮＥでもテレビ電話機能を好んで使っていた。東京や大阪などに散らばって働いている彼女がいない若手男性社員4人が、クリスマスイブの日にテレビ電話で繋がってお祝いしたという話も聞いた。いろいろな意味で驚いたが、若者たちのテレビ電話への親しみ方は上の世代の予想を大きく超えている。きっと彼らはスマホで面接ができるとなれば喜んで参加するだろう。

「スマ面」で距離に関係なく企業の採用担当者と若者たちがコンタクトを取れるということは何と素晴らしいことではないか。

地方在住の学生だけでなく、地方に本拠をもつ企業の役にも立つはずだ。

私自身、インターネットの可能性は20年前から注目していたが、インターネットがここまで広がったのは、なんといっても距離のハンディを克服する力があるからである。地方に住んでいても、どこにいてもいきなり世界を相手に情報を発信できる。ビジネスができる。この点をサービスとして学情も活用していくべきだ。

よし、「スマ面」サービスを始めよう！

決断するとあとは社員にまかせるのが私のやり方だ。それからは早い。もともと存在している技術を使うサービスなので、「スマ面」はわずか3か月で完成した。

そこでまず17年6月に「Re就活」で試行してみた。その反応がよかったので、翌18年3月から「あさがくナビ」と「Re就活」の両方で正式導入となった。

地方の学生や若手人材から熱い反応が

新しいサービスをスタートするときの大きな課題はいかに利用してもらうかである。「スマ面」がスタートすると、まず熱い歓迎姿勢を見せてくれたのが地方大学と地方の若者たちだ。

「あさがくナビ」に関しては、首都圏の大学や大学生の反応はそれほどではなかった。「距離」のハンディをそれほど感じていないからだろう。面白いことに「Re就活」では首都圏にいる若者でも反応はそこそこ高かったことだ。現在どこかの会社に勤めていて転職を考えている場合は、なかなか面接に希望会社まで行く時間がない。しかしスマ面なら勤務時間外にどこからでも面接に参加できる。

そのほか反応が高かったのは海外で学ぶ留学生と海外で働いている人たちである。スマ面は海外からもつながるので、海外でも日本の会社への就職活動ができる。

やってみて実際、スマ面でさまざまなニーズを掘り起こせることがわかった。

「スマ面」の課題は企業の採用担当者への理解促進

一番、反応が微妙なのが企業の採用担当者たちだ。当初「スマホで面接? テレビ電話?」とかなり戸惑いを見せる方が多かった。特に企業の人事は新しいものに対しては慎重な方が多い。「初物」への挑戦をなかなかしない傾向がある。しばらく様子見をして、何社かがよい結果を出していれば、そこで乗るという傾向がある。

「スマ面」にすぐに反応してくださったのは、若手採用で苦労されている中堅・中小企業、特に地方に拠点をもつ企業だ。また、若者に敬遠されがちな業界の方も「スマホで気軽に面接に参加してもらえるのでね」と高い関心をもっていただいた。

サービスを開始した初年度は「スマ面」機能をとりいれてみた企業が60社弱。実際に面接を行った企業は17社といったところだ。

そこで「スマ面」の担当者たちは今、企業へ普及させる方法を探っている。

東京本社の会議室に数十社の企業の採用担当者に集まっていただき、デモンストレーションを行ったこともある。大阪の近畿大学のキャリアセンターとつなぎ、キャリアセンター側を就活生、東京の会議室を企業の面接室と見立てて、スマホ画面でどのようにお互いが見えてどのようにコミュニケーションができるかを実際に体験していただいた。操作の簡単さや、たとえスマホを介してでも実際に相手の顔を見ながらのコミュニケーションの意義を感じていただいたのである。

「スマ面は0・5次面接」だ。

実際に会う完璧な面接ではないが、お互いの顔を見て、声を聞いてコミュニケーションする。スマホの画面を通じてではあるが、この「0・5次面接」をいれることで企業側と若者の距離はぐっと縮まる。理解度が深まる。「スマ面」で「いいな」と思った若者に対しては、採用担当者も次は交通費を支給してでも面接に来てもらうことに躊躇はしないのではないか。

若者側も「スマ面」を通して「この会社で働いてみたい」と思えば、実際の面接に対して積極的になり、来社率が上がるはずだ。

「スマ面」だけで採用を決めるのではなく（もちろん、そうしたことも可能だが）、「スマ面」を介することで、採用選考の次の段階へスムーズにスピーディーに進める。

すでに初年度の「スマ面」を活用して採用に至った企業もある。

１社は福祉関係の会社。地方から応募してきた若者の面接に「スマ面」を利用し、その後採用に至った。また、京都に本社のある流通系の会社が東京にある店舗のスタッフ募集に「スマ面」を利用したなどだ。

今後は人材のグローバル化も進んでいくと考えられる。海外の人材とのファーストコンタクトとして「スマ面」を活用することもこれから増えていくだろう。

就職情報業界で、インターネットサイトの利用はある時期を境に一気に増えていき、瞬く間に業界を席巻した。同じように「スマ面」もあっという間に普及し、ごく当たり前のことになるだろう。

いかにサービスを進化させ、かつ利用者を増やしていくか。チャレンジであり、かつワクワクするチャンスだ。若手社員たちに頑張ってもらいたい。

新しいものを生み出すのに必要なこととは

学情を創業して40数年。業界初のサービス（商品）、これまで世の中になかったものを生み出す力にかけては、いささか自負がある。

就職博から始まって、インターネットの就職サイト（現あさがくナビ）、さらにケータイに対応した就活サイト「モバ就」やスマートフォンに対応した「スマ学」、最近では就活サイトの「ＡＩ搭載型就活ロボ」、そしてスマホでの面接が行える「スマ面」など、業界初の商品やサービスを作ってきた。

「なぜそんなに次々と新しいものを作り出せるのですか」とよく聞かれる。

「新しい商品を作りだそう」ということは、いまどき多くの企業が目指し、ウェブサイトでも声高らかに謳っている。しかし、実際にはなかなか新しいものを生み出せないでいる。口で言うのは簡単だが、これまで世の中になかったものを生み出すのはそんなに簡単ではない。

まず、常に探求心を持って世の中にないものを生み出したいと熱望すること。これが基本である。特に社長を筆頭に経営陣が新しいものを生み出そうと強く決意する。会社丸ごと本気でなければ新しいものは生み出せない。

新しい商品のタネは顧客や利用者が困っていることにある。

具体的には顧客や利用者のニーズを徹底的に考えること。まず相手がどんなことに困っているのかを把握し、どんな商品やサービスがあったら便利か、喜ばれるかを突きつめよう。

そこで大切なのがイメージだ。こんなサービス（商品）があったらこうなるのではないか……という具体的なイメージがパッときれいに浮かぶものは成功する確率が高い。私なら「すぐに進めなさい！」と言う。

そして、顧客や利用者の困っていることを解決して差し上げる。シンプルだがそれが新しい商品を生み出すエンジンなのだ。

実際には若手のアイデアや意見を聞いていて、面白いと思ったら「それをこういうふうにはできないのか」と、こちらからいろいろ課題を出して、それを調べさせたり、可能性を探らせたりして、そこから新商品が生まれるきっかけを見いだすことも多かった。

「世間ではＡＩは便利だというが、だったら登録者にぴったりの会社を選び出してくれたりはしないのか？」といった具合である。

技術的なことを詳しく知っているわけがない。時には「無理難題」に近い課題もあるようだ。逆に「すでにそういう商品は世の中に普通にあります」と言われることもある。しかし、私から「お題」が降ってくると、社員たちはともかく知恵を働かせ、からだを動かす。

「いや、可能性は低いんじゃないですか……」などと言って何もしないでいると私に怒られることをみんなよく知っている。実際、初めのうちは「それはいくらなんでもできないだろう」と思っていたことが、調べてみたら割と簡単にできることが判明することもあった。あるいは少し切り口を変えることで商品化が可能であったこともある。要はともかく調べてみる、動いてみないと始まらない。

新しいものを作るのには資金も必要だ

新商品誕生は最終的にはリーダーの決断が大切だ。

「これはいける」と思ったら、即断即決である。

「費用はいくらかかるんだ？」

「1億円ですわ」

「よしOKや」

こうポンポン話を進められるのも商品開発のための資金を投入できるだけの財力が

あるからである。

最近の新商品はＩＴ関連など、システムを構築するとなるとそれなりのお金がかかる。せっかく素晴らしいアイデアでもそれを実現する資金がなかったら実現できない。あるいは資金を集めるのに余計な時間がかかってしまう。

学情は自己資本比率90％以上と、一部上場企業でもトップクラスの財務内容で、必要な時にすぐに投資ができるのが強みだ。

そして実際にプロジェクトが決まると、あとはプロジェクトリーダーに任せる。報告は受けるようにしているし、必要なら軌道修正をしてもらうこともあるが、プロジェクトについては任せたら任せきる。これも大切なことだ。

「失敗を恐れない」と明記した社訓を毎週唱和

新商品を作りだすうえで何よりも大切なのが「失敗を恐れずチャレンジする」精神だ。

なんといっても世の中にないものを作り出すのだから、それが本当に成功するかどうかはわからない。もちろん成功するつもりで必死に作るわけだが、それでも実際に出してみないと結果はわからない。失敗を恐れていては新商品なんて生み出せないのである。

多くの会社が「新しいことにチャレンジする」「変化していく」といったことを経営理念に挙げているのだが、なかなか成功していない。その大きな理由は「チャレンジを評価して、失敗してもマイナス評価にしない」ということが行われていないからではないか。失敗した時のことが不安であれば社員としてはあえてチャレンジする気にはならない。

学情ではチャレンジして失敗した社員は責めるより、むしろ評価している。

一方、失敗を恐れてチャレンジをしない人の評価は低い。また、何も提案が出てこない、何もアイデアが出てこないという人も、それなりの低い評価しかしない。

そのようにしなければ、誰もチャレンジしなくなる。

私としてはそれが一番困る。

経営理念にも「チャレンジをする」「失敗を恐れない」という文言が入っていて、

毎週月曜の朝礼で唱和するようにしている。

こうして、社員たちに失敗を恐れないチャレンジ精神を育てている。

チャレンジし、変化を楽しむ

今後は一人で発想し、新しい商品の形を作り出せる社員を育てていきたい。難しいことだとはよくわかっている。300人くらいの社員がいるが、新商品の開発ができる人はなかなかいない。本を読んだりして勉強してすでにある物を改良していく、アレンジしていくことができる。そういう人材はそれなりにいる。しかし、世の中にないものを作るのは格段に難しいことだ。

社員には「一年一年新しいことをやれ」と言っている。

去年と同じことをしていてはいけない。

ただ、なかなかそうはいかない。社員の半数以上は同じことをしてしまう。人間は変わることを恐れる動物なのだろう。毎年同じことを続けたい。それは人間の心理としてあるのだ。でもそれでは厳しいビジネスの世界を生き残ってはいけない。

有名企業の中にも、どこかで成長が止まってしまって、「昔はいい会社だったけどな」というところで終焉《しゅうえん》を迎える会社がけっこうある。そうした企業はすべて、新しいことにチャレンジしなくなっている。ある時から変化することを怖がるようになっていたように思える。

私は、新しいこと、変化することをまったく怖がらない。

二十数年来の大ヒット商品である「就職博」が、今後もし時代のニーズと合わないと分かったら、その時は潔く路線変更するだろう。

人間も会社も成功体験にしがみついてしまう傾向がある。一つの成功体験にしがみついて、守りに入る。その結果衰弱していく。こうした企業は、私が見ている限りでもたくさんある。

今の時代は目覚ましく変わっていく。だから、環境の変化に合わせて企業も目覚ましく変わっていかなくてはならない。学情は今のところ、次々と新しいことを生み出して、どんどん変わっていけているので不安を感じない。

守りに入った会社は怖い。しかしどんどん変わっていけるかぎり、怖くはないのだ。

意識改革を迫られる時代が来た

若いビジネスパーソンたちに、いささか言っておきたいことがある。

就職情報業界に本格参入して35年以上経った。その間にこの世界も変化してきた。日本の企業に根強かった「新卒一括採用」が崩れ始めてきたのは中でも大きな変化だろう。従来は20代の若手市場と30代以降の経験者、キャリアの転職市場というように分かれてきた。

あまりに硬直していた新卒一括採用というシステムが変化し、柔軟になってきたことは若者にとっても企業にとってもよいことだ。

同時に企業の雇用のあり方、人材の評価システムにもさまざまな変化が起きている。年功序列制度がほぼ崩壊した中で、いずれはよりはっきりとした成果主義になっていくと感じる。

いろいろ議論はあるが、将来は成果で賃金が決まっていくホワイトカラーと、時間給で働くパート的なワーカーとがより明確に分かれていくのではないだろうか。

少なくとも経済界は成果主義に基づく雇用への移行を求めている。「長時間労働が加速するのではないか」「企業に搾取されることになるのではないか」と反対する人たちもいるが、そうだろうか。

学情の極めて優秀な営業部員の一人は、たまに19時まで会社にいると「今日は遅くなった」と言っている。彼はたいてい18時には退社する。休暇もきっちり取る。成果を上げているので給与は高い。これがホワイトカラーのあるべき姿だ。「高収入を得ながら定時で帰れる」のが「社員の鑑」だと、私は常々社員たちに言う。もちろんだれもが同じようにやれるわけではないが、効率よく仕事をしながら結果を出していくことを目指すべきだ。

夜遅くまでだらだら仕事をしていて月の売り上げが50万円以下だとしたら給料分が稼げていない。働き方を改善していく必要がある。会社にずっと長くいて残業代で稼ぐという、一時代前の考え方は止めて、「効率的に働き、稼ぐ」方法を学び、身につけてほしい。プロ野球の選手を考えればわかる。たとえ毎日夜中まで練習しても打率が1割では評価されない。大して練習をしていないように見えても3割を打っていれば年俸も高くなる。

厳しいが、日本の企業風土もこういうふうに変わっていくだろう。

成果を出して高給を稼ぐホワイトカラーを目指すか、時給が1000円とか2000円の時間給で働くワーカーを目指すか、いずれ選択する時代がくる。

働く人たちも意識を変えていかなくてはならない。

若者よ、真のホワイトカラーを目指そう

そこで危惧するのは30歳以下の若いビジネスパーソンである。彼らは成果主義への本格的移行の影響を大きく受ける。ホワイトカラーとしてやっていけるようにならなくてはいけない。

特に心配しているのは20代の若者たちだ。彼らを見ていると二極化を感じる。

「あさがくナビ」「Re就活」に登録している方たちに会う機会が時々あるが、将来に備えて若いうちから手に職、能力を身につけようと考えている頼もしい若者も多い。

しかし一方では、将来に待ち受ける厳しい成果主義の世界に気が付かず、のほほん

としている若者が少なくない。売り手市場の中、気ままに転職を繰り返している若者もいる。

それでは、真のホワイトカラーにはなれない。

20代のうちにさまざまな仕事の経験を積んだり、専門性を高めたりするなど、つぶしの効く職業人を目指す必要がある。


まずは本を読んでほしい。活字世代の言葉と思うかもしれないが、今の若い人たちはあまりに本を読んでいない。読書はさまざまな能力の土台になっているので、今すぐ読書を習慣としてほしい。

このように言うと「今まであまり本を読んでこなかったので、いまさら頑張っても……」というような消極的なことを言う若い人が多いのだが、それは違う。

以前、大学スポーツで活躍した学生を採用したことがある。内定を出すにあたって、私は彼に一つの条件を出した。半年間、朝日新聞の1面にあるコラム「天声人語」を毎日書き写すこと。さらに知らない漢字は辞書を引いて読み方を書くこと。

「それをうちの管理部に毎日提出しなさい」

もしできなければ、内定取り消しである。

内定取り消しにはなりたくないから、半年間毎日毎日書き写した。最初は書き写すだけで、ひどく時間がかかったという。漢字を調べるのにも手間がかかった。しかし半年続け、大きく変わった。漢字の読み方を覚え、語彙《ごい》が増えた。そして読解力も上がった。

20代は頑張ればいくらでも変われるのだ。

あなたが、まったく国語力や教養がないという自覚があるなら、天声人語のようなお手本となる文章を書き写すことから始めるといい。そして知らない言葉の意味を億劫がらずに調べる。今はそれこそスマホで簡単に調べられる。社会人として最低限の国語力はこれだけでも身につく。その後は、とにかく本を読んでいくことだ。

今は就職市場が「売り手市場」のため、仕事や職業に対してやや甘い考えの若者が多い。しかし売り手市場なのは20代のうちだけだ。30代以降は本当の実力が問われる。だから20代のうちに頑張るしかない。20代はやり直しが十分きく。それまで勉強してこなかったのなら、今から始めればいい。

成功者に怠惰な人はいない

そして仕事に対しては勤勉であってほしい。世界の成功者に怠惰な人はいない。やはり勤勉な人ばかりだ。

しかし今の若者は頑張ることが格好悪い、仕事はいかにしないですませられるかの方が賢いといった価値観というのか、雰囲気がある。

仕事は楽な方がいいという。休みが多い方がいい。給料は高い方がいい……といった価値観で就活している人もいる。

「自分の好きな仕事をやりたい」とか「自分自身がやりがいを感じて、やっぱり人からも喜ばれて働きたい」といった視点がない。私にとってはそこが実は一番大事だと思っているのだが、こういうことを言うと格好悪いと思うようだ。

私が若いときは「少年よ大志を抱け」というように大きな志を持ってチャレンジして生きていくという価値観があった。今こんなことを言ったら、多くの若者たちから鬱陶《うっとう》しがられるのがオチなのか。

「旧世代」からすると一番衝撃を受けたのは、「お金もそんなにたくさんいらない。生きていければいい」という若者もいることだ。マイカーもいらないし、着るものにも関心がない。その結果生活に対してお金があまりかからない。だからお金はそんなに稼がなくていい。頑張ってお金を稼ぐのはしんどい……。

「ローマ帝国の崩壊」はこのようにして始まったのではないか。

いや、ローマの若者はもっと贅沢ではるかに優雅だっただろう。今の日本はもっとずっと貧乏くさい。なにもせず、お金を使わず家でじーっとしているのだから。

長い不景気の中で「努力をしても無駄だ」といった虚無的価値観が日本全体に蔓延してしまったのだろうか。

必死で新聞配達をして大学に通った私には、成功を目指さない若者は理解しがたいところがある。「それは間違ってるよ」と断言したい。

仕事に対しては真摯に向き合い、勤勉であってほしい。そして、自分なりの成功を目指してほしい。

こうした考え方は古臭いと若い人には言われるかもしれない。説教じみたことは聞きたくないだろう。

ただ、これまで一生懸命、勤勉に生きてきたことで私の人生は開けてきた。だからとりあえずは勤勉に生きてみてほしい。正直に生きよう。変に計算高く生きて得しようと考えずに、真っすぐに努力してほしい。

私の若いころのように死ぬほど働けとは言わない。しかし働くのは楽しいという気持ちを味わってほしいのだ。

これからの学情に向けて

これから学情はどこへ向かうべきか？

２０１８（平成30）年5月から、当社は全国の都市圏で、俳優の神木隆之介さんを起用した当社初のテレビコマーシャルを流した。「Re就活」のＣＭである。この日本初で唯一の〔20代専門〕転職サイト「Re就活」をより多くの人に知ってもらいたかったからだ。

新卒採用が崩れてきているとはいえ、いまだに新卒採用にこだわり、既卒や第二新卒の採用には否定的な会社もある。しかし、Re就活に集まっているのは、仕事に意欲的な若者たちである。そのコンセプトと内容を知ってもらうと、共感して考えを変えてくださる企業がある。

世の中には「知らない」ということ自体がネックになることがある。そのことを実感した。知ってもらえさえすれば、がらりと考えを変えてもらえるチャンスだ。

実際、コマーシャルを流した期間には新規会員数が前年同時期より約3倍ペースで増え、いまや100万人を超えている。知ってもらうことの大切さ、そしてテレビCMの威力を改めて認識した。

テレビCMには約5億円を投入した。しかし、知名度を高めるためにお金を使うことは、いまの学情には大事だ。

創業地の大阪を中心とした関西地区での知名度は高いが、東京での知名度はまだ低い。「知られていない」こと自体が一つの問題となる。学情のビジネスはすでにそういうフェーズに入ってきているということだ。後のビジネスの展開を考えると東京をはじめ全国的な知名度を上げ、信用力を高めることが重要である。

やがて「1000億円企業」へ

学情は社員が300人規模に成長した。

かつてのように私が営業の若者たちに手取り足取り営業のノウハウを教えるということはもう随分前からできなくなっている。私が鍛えた幹部社員たちが直接かかわれる社員の数も限られている。

これからは、個人の繋がりに頼らず仕組みとして人を育てていくこと、そして組織として仕事をスムーズに進めていくような環境づくりといったことも考えていかなくてはならない。

そろそろ学情の次のフェーズを考えるべきところに来ている。

2017（平成29）年、私は社員に対して「1000億円企業を目指そう」と将来の目標を語った。

例のごとく若手社員は非常にびっくりした顔をしていた。幹部社員の何人かは「社長がまた、難しいお題を投げかけてきたぞ」とニヤリとした表情を浮かべていた。

若手社員が驚くのも当然だ。学情の年間売上高は56・2億円（17年10月期）。1000億円では2桁違う。

17年11月の社員総会では「世界を相手にビジネスを楽しむ」という経営ビジョンも発表した。

世界を相手にビジネスを楽しみながら1000億円企業を目指す。

これが、これからの学情の目標だ。

売上高1000億は私が社長をしている間には達成はできない。おそらくは20年先、30年先に学情が目指すべき道だと思っている。もちろん今の事業の内容では達成できない。新卒採用のマーケット市場規模は1000億円だが、中途採用は1兆円と言われている。ただし競争も激しいので、ここでは取れるのは300億～400億円くらいではないか。

では、あとはどうするか？

それを社員たちに考えてほしい。

私も考えるが、社員たちに真剣に考えてほしいのである。

まず今の私たちの本業である就職情報業界は世界に広がっていく。日本の中だけのビジネスではなく、たとえばネットを通じれば世界で展開できる。

日本の人材市場は、若い世代の人口が減少し、遠からずグローバル化が進んでいくだろう。外国人が日本企業で働くようになる。一方で日本人が海外の企業で働くことも増えていく。人材ビジネスについては世界規模でさまざまな展開が考えられる。

また、M&Aも一つの道だ。我々に関係のあるビジネスで、学情にとってプラスになる会社であれば買収したい。

さらに、世界のネットビジネスのメジャーと組んでいくという道もあるかもしれない。就職の枠にとらわれず、情報産業企業としてインターネットのビジネスで世界に打って出る。

1000億円達成にはさまざまな道があり、さまざまなことを考えなくてはいけない。幹部社員たちは、すごい「お題」が降ってきた、「社長の意図は何か」と、いろいろ考えているようだ。

「1000億円という目標は、つまり社長に発想を変えろと言われたのではないか？」

「これは次世代に向けて社長が投げた目標。その達成をみんな考えろということでは

か？」

「大きくシフトチェンジしないと達成できない。フェーズを変えていくということ

ないか」

などなど、いろいろな声が聞こえてくる。その調子でどんどん考えてほしい。

そして、世界を相手にビジネスを楽しみ、１０００億円企業を目指していこう。

あとがき

本書は「成功」を志している若手経営者や、これから起業することを考えているビジネスパーソンに向けてエールを送るつもりで著した。

最近はあちこちで後輩経営者たちから、助言を求められることも多くなり、自分の経営者人生と理念について、きちんとした形でまとめておく時期だと考えたからだ。

併せて、学情の社員たちに四十数年の歴史を伝えておきたいとも思った。

私はこの本で「つまらない策を弄さず真っすぐに生きよ」と言いたかったのである。策略家で成功した人を知らないし、世に言う成功者は真っすぐに生きた人々であるからだ。

経営とは絶え間なく襲ってくるピンチと、それらを克服することで得られる成長の連続である。

手探りで進む中、ほうぼうで頭を打ち、転び傷も負いながら目標達成に近づいていく。

そのことを、ピンチをチャンスに変えてきた私の経験を通じて、少しでも感じ取っていただければ望外の喜びである。

振り返れば、幾多の困難の時にそれらを乗り越えていくことが出来たのは、私を支え共に戦い苦楽を共にした社員たちと、そして数多くのお取引先様の応援があったればこそ、と心から感謝している。これからもこの人々のお役に立てる生き方をしていきたい。

今年の9月で私は古希を迎えた。
まだまだやりたいこと、挑戦してみたいこと、新たな目標がつぎつぎに見えてくる。

今回、編集では朝日新聞出版の岩田一平さん、ライターの原智子さんにお世話になった。本書はお二人の多大なご尽力のおかげで完成させることが出来た。御礼申し上げる。

また、私の半生をずっと支え続けてくれた妻の洋子には、この場を借りて心からの感謝の意を表したい。

２０１８年10月

中井清和

年表

1948(昭和23)年	9月13日	大阪府で中井清和誕生
1967(昭和42)	4月	中井、近畿大学法学部入学、新聞販売店で住み込みの奨学生として働く
1972(昭和47)	3月	中井、近畿大学卒業
	4月	中井、大毎広告社入社
1976(昭和51)	11月	大阪市北区堂島浜にて、大毎広告を退社した仲間2人と広告会社創業
1977(昭和52)	11月	株式会社実鷹企画（現・学情）を設立、中井代表取締役社長就任
1981(昭和56)	11月	「学生就職情報センター」部門新設、就職情報事業へ進出
1983(昭和58)	3月	学生就職情報センターに朝日放送より後援を得る
1984(昭和59)		第1回目就職博をアクティ大阪内ABCエキスタで開催
1985(昭和60)		第2回就職博をエキスタで開催し大好評を博す
1989(平成元)	8月	東京都中央区銀座に東京支社開設
1990(平成2)	10月	名古屋支社開設
		東京での第1回就職博開催　大成功
1991(平成3)	**3月**	**バブル崩壊、平成不況へ**

1991（平成3）　名古屋での第1回就職博開催
1994（平成6）　大阪市西区江戸堀に初の本社ビル建築、本社を移転
1995（平成7）　12月　日本初のインターネット就職情報サイトG-WAVE（現・朝日学情ナビ〈あさがくナビ〉）配信開始
1997（平成9）　**アジア通貨危機**
2000（平成12）　4月　社名を株式会社学情に変更
2002（平成14）　5月　ジャスダック上場
　8月　大阪市北区梅田2丁目に新本社「学情梅田コンパス」竣工
2004（平成16）　7月　京都支社開設
　11月　25歳までの就職活動応援サイト「Re就活」配信開始
2005（平成17）　9月　東京証券取引所市場第二部上場
2006（平成18）　10月　東京証券取引所市場第一部上場
2008（平成20）　**9月**　**リーマン・ブラザーズ倒産、リーマンショック**
2008（平成20）　10月　モバイル特化型就職情報サービス「モバ就」配信開始
2009（平成21）　10月　リーマンショック後の不況により業績悪化。創業以来初の赤字決算
　11月　ワークシェアで週4日勤務に（～翌10年4月まで）
2010（平成22）　6月　中小企業庁の人材対策事業「合同就職説明会開催事業（大学施設等活用型）」を受託。以降、公的分野の事業にも乗り出す
2011（平成23）　**3月**　**東日本大震災**
2013（平成25）　1月　朝日新聞社、朝日学生新聞社と資本業務提携を締結

2015（平成27）　11月　福岡営業所（現・支店）開設
「あさがくナビ」に日本初のAI（人工知能）機能を加える
2016（平成28）　8月　「あさがくナビ」に日本初の人工知能を搭載した就職活動支援型ロボット「就活ロボ」機能を搭載
2017（平成29）　1月　「東京本部」を「東京本社」に改称し、大阪本社と二本社体制となる
2月　業界初、「就活ロボ　LINE@チャットサポートサービス」による学生と双方向の就活相談をスタート
2018（平成30）　6月　「Re就活」をフルリニューアルし、日本初の20代専門の転職サイトにスマートフォンでの日本初の企業面接「スマ面」を「あさがくナビ」「Re就活」で開始

中井清和（なかい・きよかず）
1948年、大阪府生まれ。奨学生として新聞販売店で働きながら近畿大学法学部を卒業し、広告会社に就職。
1976年に独立、広告会社「実鷹企画」を創業、代表取締役社長に就任する。
その後、就職情報事業に路線を定め、2000年、社名を「学情」に変更。02年同社をジャスダック上場、05年の東証二部上場に続いて06年東証一部に上場させる。

成功《せいこう》したけりゃ真《ま》っすぐ生《い》きよ
ピンチはチャンスや

2018年11月30日　第１刷発行

著　　者　中井清和
発 行 者　桜井　透
発 行 所　朝日新聞社
〒104-8011　東京都中央区築地５-３-２
電話　03-5541-8832（編集・朝日新聞出版 書籍編集部）
03-5540-7793（販売・朝日新聞出版 販売部）
デザイン　西出明弘（弾デザイン事務所）
印刷製本　中央精版印刷株式会社

ISBN978-4-02-100918-1
定価はカバーに表示してあります

落丁・乱丁の場合は朝日新聞出版業務部（電話03-5540-7800）へご連絡ください。
送料弊社負担にてお取り替えいたします。